潍坊红色文化教程

王中慧　刘　蕊　温桂鹏 ◎ 主编

中国书籍出版社
China Book Press

本书编委会

主　任　　毕丛福　王协瑞　葛晓东

副主任　　朱连庆　刘福玉　吕俊峰
　　　　　　高培忠　刘魁伦

委　员　　李国栋　张　伟　纪谦茂
　　　　　　高秋萍　王秀云　陈文文

主　审　　刘云波

主　编　　王中慧　刘　蕊　温桂鹏

副主编　　葛　浩　郭方圆　郝　磊
　　　　　　谭绍勇　史松竹　魏延阁

前　言

在中国革命、建设和改革开放中孕育的红色文化是党的建设和事业的宝贵财富，是构成社会主义先进文化的核心元素。红色基因作为红色文化的内核与精髓，是文化自信的源头活水。习近平总书记曾深刻指出："红色基因就是要传承。中华民族从站起来、富起来到强起来，经历了多少坎坷，创造了多少奇迹，要让后代牢记。我们要不忘初心，永远不要迷失了方向和道路。"党的十八大以来，中央多次强调，要继承发扬红色文化和革命传统，把红色资源利用好、把红色传统发扬好、把红色基因传承好。

让红色文化进校园，让红色基因代代相传，是新时代赋予我们这代人的使命和担当。"心中有榜样，脚下有力量"，为让这些红色文化引领大众文化价值导向，让历史的光芒照进现实、照进校园，让红色文化深入人心，让红色精神温暖人、鼓舞人、启迪人。基于此，我们结合潍坊革命史、建设史，组织编撰了具有地方特色代表性的红色文化书籍——《潍坊红色文化教程》。

该书在编撰出版过程中，山东信息职业技术学院、潍坊市委党史研究院联合创作，共同组建了《潍坊红色文化教程》编委会——山东信息职业技术学院党委书记毕丛福、院长王协瑞，潍坊市委党史研究院院长葛晓东任主任；山东信息职业技术学院副院长朱连庆、纪委书记刘福玉，潍坊市委党史研究院副院长吕俊峰、高培忠、专职副书记刘魁伦任副主任；山东信息职业技术学院组织部部长李国栋、教务与科研处处长张伟、基础教学部主任纪谦茂、思政部主任高秋萍、基础教学部副主任王秀云、组织部副部长陈文文为委员；山东信息职业技术学院学术委员会委员王中慧老师、宣传统战部部长刘蕊、潍坊市委党史研究院宣传教育科科长温桂鹏为主编；邀请潍坊市宣传文化服务中心副主任刘云波主审后付梓成册。编撰过程充分尊重事实，以通俗易懂的角度结合教材宣讲特点，分别从目录、大纲、体例等方面入手，经编委会数次集体讨论优化后，听取了各方面不同意见，对各章节进行完善、改良、提升。同时，本书在编写过程中也得到了潍坊市委宣传部、潍坊市教育局、中国书籍出版社、潍坊日报社、潍坊市博物馆、潍坊市图书馆等单位的大力支持，参考了大量公开发布的潍坊红色文化资料，对这些资料的提供者、作者、编者和平台方工作人员在此致以崇高的敬意，深表谢忱！

作为第一本综合梳理潍坊红色文化的教程类书籍，具有较强的社会价值和使用价值，以及广泛的普及性和教育性。内容上具备以下特点：

1. 理论框架结构完整严谨。第一章将"潍坊文化与潍坊红色文化"分节阐述，宏观与微观结合，纲目俱全，思路自然，便于受众理解把握概念的内涵与外延。

2. 科学展现了红色文化的外延。红色文化的外延宏观上可分为革命年代的红色文化与建设年代的红色文化，二者一脉相连。第二章与第三章的"历史丰碑""历史英模"既有革命年代的相应内容，又有建设年代的相应内容，这样可以富有针对性地、有效地改变一种错误意识：将"红色文化"狭隘地理解为革命年代红色文化，而将"建设年代"隔离出去。

3. 内容翔实，可读性强，创设了实践拓展空间。每章都设计了"知识链接""拓展阅读""思考与讨论""知识测验（附参考答案）"的内容，这样既可以提高受众的积极性、主动性，又便于在教育、教学过程中组织丰富多彩的活动，有利于达到"润物无声"的效果。

4. 以诗韵美展示红色美。除第一章外，其余三章共十五节的小节标题，在集中提炼核心内容的基础上，全用凝练的七字句，读来整齐铿锵，更能彰显红色文化的魅力。

5. 与时俱进，及时吸收最新实践与理论成果融入教程内容。如：中国共产党百年党史划分为四个时期的理论；潍坊市获批国际和平城市等内容。

本教程适合在潍坊区域内推进红色文化进校园、进课堂、进心灵，是大中专院校、中学、小学（中高年级）和组织红色文化学习场所以及其他企事业单位推广红色文化之用，也可供社会各界红色文化爱好者参考、研讨和演讲使用。

因时间和水平所限，书中若有纰漏之处，还敬请各位读者批评指正！

电子邮箱：wfwzh69@163.com

编　者
2021 年 4 月

目 录

第一章　潍坊文化与潍坊红色文化 ········· 1
　　第一节　潍坊文化 ··················· 2
　　第二节　潍坊红色文化 ··············· 7

第二章　潍坊红色文化之历史丰碑 ········· 37
　　第一节　五四火炬传火种 ············· 38
　　第二节　星星之火引航向 ············· 40
　　第三节　武装抗日复河山 ············· 49
　　第四节　改天换地立民权 ············· 55
　　第五节　抗美援朝卫和平 ············· 61
　　第六节　高峡平湖泽苍生 ············· 65
　　第七节　动力之城追日月 ············· 67

第三章　潍坊红色文化之英雄模范 ········· 73
　　第一节　为有牺牲多壮志 ············· 74
　　第二节　民族复兴担道义 ············· 83
　　第三节　军民鱼水情谊深 ············· 91
　　第四节　丹心一片写春秋 ············· 101

第四章　潍坊红色文化之精神传承 ········· 113
　　第一节　革命理想高于天 ············· 114
　　第二节　胸怀大局讲奉献 ············· 117
　　第三节　克艰攻难奋争先 ············· 133
　　第四节　团结创新勇实践 ············· 143

第一章 潍坊文化与潍坊红色文化

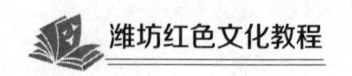

第一节 潍坊文化

潍坊市地处山东半岛中部，位于半岛城市群地理中心位置，历史悠久，文化底蕴深厚，历史文化源远流长，非物质文化遗产丰富多彩，区域文化特色鲜明。早在8000多年前，就有人类在这里生活居住。潍坊在历史上曾是东夷文化的核心区域、齐文化的腹地、两汉经学的重镇、南北朝佛教文化的东方中心、明清海岱间的文学重镇，为海岱区域文化的发展做出了突出贡献，在中华文明多元一体构成格局中占有重要地位。

知识链接

潍坊市历史沿革

1948年4月27日，潍县解放。4月29日，潍坊特别市（省直辖）正式对外办公，市政府驻潍城，辖潍县城、东关、南关、北关、坊子、望留6个区。1949年6月，潍坊特别市改称潍坊市，仍为省辖市。1948年6月，昌潍专区建立，驻昌乐，辖昌乐、潍县、安丘、寿南、益临5县。1948年12月，省直辖之益都县划归昌潍专区。次年7月，专区机关迁驻益都。

中华人民共和国成立以后，现潍坊市域地专级行政建置主要为昌潍专区、昌潍地区、潍坊地区、潍坊市，以下领县。1949年到1958年1月前，县下设区乡。1958年1月~3月，撤区并乡。1958年9月，成立人民公社，实行政社合一。1983年，在进行经济体制改革的同时，改革行政机构，实行市管县的新体制，县下撤公社，设乡镇。

1950年5月25日，昌潍专区驻地由益都迁至潍坊，原胶东区西海专署所辖昌邑、昌南、潍北3县，及渤海区清河专署所辖寿光、益寿2县划归昌潍专区。昌潍专区时辖潍坊市（县级），昌乐、潍县、潍北、昌邑、昌南、安丘、丘南、淮安（后改名潍安）、寿光、寿南、益临、益都、益寿、临朐14县。同年，潍坊市建制撤销，并入昌潍专区。1951年，又重置潍坊市（县级）。

1952年7月，撤销益临、益寿、潍安3县。1953年7月24日，原淄博专区所辖临淄县划归昌潍专区。同时，撤销潍北、丘南、寿南3县。昌潍专区时辖潍坊市（县级），昌乐、潍县、昌邑、昌南、安丘、寿光、益都、临朐、临淄9县，及羊角沟直属区。

1955年3月，博山县由淄博市划入昌潍专区。同年，撤销羊角沟直属区并入寿光县，昌潍专区时辖潍坊市（县级），昌邑、潍县、昌南、寿光、昌乐、益都、临朐、安丘、临淄、博山10县。

1956年，胶州专区撤销，其所辖胶县、胶南、藏马、五莲、诸城、高密6县及莱阳专区的平度县一并划入昌潍专区。同年，藏马县撤销，昌南并入昌邑县。昌潍专区时辖潍坊市（县级）和潍县、益都、昌邑、寿光、昌乐、临淄、临朐、安丘、诸城、高密、五莲、博山、胶南、平度、胶县15县。

1958年10月，潍县并入潍坊市（县级），博山划归淄博专区，临淄并入益都县，胶南、胶县划入青岛市。昌潍专区时辖潍坊市（县级），益都、昌邑、高密、安丘、诸城、五莲、寿光、昌乐、临朐、平度10县。

1961年，胶南、胶县复归昌潍专区。临淄、潍县恢复原建制，仍属昌潍专区。

1967年3月13日，昌潍专区改为昌潍地区。辖潍坊市（县级）和益都、昌邑、高密、诸城、昌乐、临朐、寿光、安丘、潍县、五莲、平度、胶县、胶南、临淄14县。

1969年12月，临淄县划归淄博市。1977年，增设黄岛区，属昌潍地区。1978年，胶南、胶县及黄岛区划归青岛市。昌潍地区时辖潍坊市（县级）和益都、昌乐、安丘、临朐、潍县、寿光、昌邑、高密、诸城、五莲、平度11县。

1981年7月，昌潍地区改名潍坊地区，所辖县（市）不变。

1983年10月，撤销潍坊地区建制，改建省辖（地专级）市，沿用原潍坊名称，实行市管县体制。同时，平度县划归青岛市，原潍坊市（县级）和潍县析置为潍城、寒亭、坊子3个区。潍坊市时辖潍城、寒亭、坊子3区，益都、寿光、昌乐、临朐、昌邑、高密、安丘、诸城、五莲9县。

1986年3月1日，撤销益都县，设立青州市（县级），归潍坊市代管。1987年7月，撤销诸城县，设立诸城市（县级），归潍坊市代管。1992年年底，五莲县划归日照市。1993年6月，寿光撤县设市。1994年1月，安丘撤县设市。1994年5月，高密撤县设市。1994年5月，由潍城、寒亭划出部分村，增设奎文区。1994年6月，昌邑撤县设市。1991年，潍坊高新技术产业开发区成立。1995年，潍坊滨海经济技术开发区成立。2008年，峡山生态经济发展区成立。2011年，潍坊综合保税区成立。至此，潍坊市辖奎文、潍城、寒亭、坊子4个区，青州、诸城、寿光、安丘、高密、昌邑6个县级市，临朐、昌乐2个县。此后，潍坊市行政区划基本稳定。

3

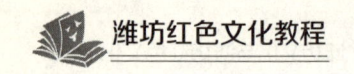

一、"文化"一词的渊源

"文化"是中国语言系统中古已有之的词汇。"文"的本义,指各色交错的纹理。《易·系辞下》载:"物相杂,故曰文。"《礼记·乐记》称:"五色成文而不乱。"《说文解字》称:"文,错画也,象交叉"均指此义。在此基础上,"文"又有若干引申义。其一,包括语言文字在内的各种象征符号,进而具体化为文物典籍、礼乐制度。《尚书·序》所载伏羲画八卦,造书契,"由是文籍生焉",《论语·子罕》所载孔子说"文王既没,文不在兹乎",是其实例。其二,由伦理之说导出彩画、装饰、人为修养之义,与"质""实"对称,所以《尚书·舜典》疏曰"经纬天地曰文",《论语·雍也》称"质胜文则野,文胜质则史,文质彬彬,然后君子"。其三,在前两层意义之上,更导出美、善、德行之义,这便是《礼记·乐记》所谓"礼减而进,以进为文",郑玄注"文犹美也,善也",《尚书·大禹谟》所谓"文命敷于四海,祗承于帝"。

"化",本义为改易、生成、造化,如《庄子·逍遥游》:"北冥有鱼,其名为鲲,鲲之大,不知其几千里也。化而为鸟,其名为鹏,鹏之背,不知其几千里也。"《易·系辞下》:"男女构精,万物化生"。《黄帝内经·素问》:"化不可代,时不可违"。《礼记·中庸》:"可以赞天地之化育"等等。归纳以上诸说,"化"指事物形态或性质的改变,同时"化"又引申为教行迁善之义。

"文"与"化"并联使用,较早见之于战国末年儒生编辑的《周易》:"观乎天文,以察时变;观乎人文,以化成天下。"

二、文化的概念

随着时间的流变和空间的差异,"文化"逐渐成为一个内涵丰富、外延宽广的多维概念,成为众多学科探究、阐发、争鸣的对象。不同的学科对文化有着不同的理解。

人类传统观念认为,文化是一种社会现象,它是由人类长期创造形成的产物,同时又是一种历史现象,是人类社会与历史的积淀物。确切地说,文化是凝结在物质之中又游离于物质之外的,能够被传承和传播的国家或民族的思维方式、价值观念、生活方式、行为规范、艺术文化、科学技术等,它是人类相互之间进行交流的、普遍认可的一种能够传承的意识形态,是对客观世界感性上的知识与经验的升华。

三、文化的功能

人类由于共同生活的需要才创造出文化,文化在它所涵盖的范围和不同的层面发挥着以下主要功能。

(一)整合功能

文化的整合功能是指它对于协调群体成员的行动所发挥的作用。社会群体中不同的成员都是独特的行动者,他们基于自己的需要、根据对情景的判断和理解采取行动。文化是他们之间沟通的中介，如果他们能够共享文化，那么他们就能够有效沟通，消除隔阂、促成合作。

（二）导向功能

文化的导向功能是指文化可以为人们的行动提供方向和可供选择的方式。通过共享文化，行动者可以知道自己的何种行为在对方看来是适宜的、可以引起积极回应的，并倾向于选择有效的行动，这就是文化对行为的导向功能。

（三）维持秩序功能

文化是人们以往共同生活经验的积累，是人们通过比较和选择认为是合理并被普遍接受的东西。某种文化的形成和确立，就意味着某种价值观和行为规范的被认可和被遵从，这也意味着某种秩序的形成。而且只要这种文化在起作用，那么由这种文化所确立的社会秩序就会被维持下去，这就是文化维持社会秩序的功能。

（四）传续功能

从世代的角度看，如果文化能向新的世代流传，即下一代也认同、共享上一代的文化，那么，文化就有了传续功能。

文化作为一种精神力量，能够在人们认识世界、改造世界的过程中转化为物质力量，对社会发展产生深刻的影响。这种影响，不仅表现在个人的成长历程中，而且表现在民族和国家的历史中。人类社会发展的历史证明，一个民族，物质上不能贫困，精神上也不能贫困，只有物质和精神都富有，才能自尊、自信、自强地屹立于世界民族之林。

四、文化与文明

文化与文明的区别如下。

从内容上看，文化是人类征服自然、社会及人类自身的活动、过程、成果等多方面内容的总和，而文明则主要是指文化成果中的精华部分。

从时间上看，文化存在于人类生存的始终，人类在文明社会之前便已产生原始文化，文明则是人类文化发展的一定阶段。

从表现形态上看，文化是动态的、渐进的、不间断的发展过程，文明则是相对稳定的、静态的、跳跃式发展过程。

文化是中性概念，文明是褒义概念。人类征服自然和社会过程中化物化人的活动、过程和结果是一种客观存在，其中既包括优秀成果，也有糟粕，既有有益于人类的内容，也有不利于人类的因素，它们都是文化。文明则和某种价值观相联系，它是指文化的积极成果和进步方面，作为一种价值判断，它是一个褒义概念。

五、历史文化遗产丰富

潍坊文物古迹、人文景观众多，后李文化、大汶口文化、龙山文化遗存遍布全市、十笏园、齐长城、云门山、范公亭、万印楼、山旺化石、恐龙化石、沂山国家森林公园等驰名中外。截至2018年，全市共整理不可移动文物4099处、可移动文物51.9余万件，创建国家级重点文物保护单位17处，省级159处，市级153处，青州昭德古街为首批十大"中国历史文化名街"，是中国历史文化名城。潍坊历史名人辈出，"三皇五帝"之一的虞舜、春秋时期政治家晏婴、东汉经学大师郑玄、北魏农学家贾思勰、北宋画家张择端、清代著名金石学家、古文字学家和古文物收藏家陈介祺等都出自潍坊，孔融、范仲淹、欧阳修、苏东坡、郑板桥等曾在潍坊执政理事，近代涌现出了王尽美、刘英、陈少敏、马保三、李福泽、卢志英、王愿坚、王统照、臧克家等一批革命家、文学家、艺术家，名人文化已经成为潍坊对外展示的重要窗口。潍坊非物质文化遗产丰富多彩，经过精心打造，高密剪纸、诸城派古琴2个项目入选联合国人类口头和非物质遗产代表作，潍坊风筝、杨家埠年画、高密茂腔、扑灰年画等16项非物质文化遗产被列入国家级非物质文化遗产名录，72项被列入省级项目，潍水文化生态保护实验区是全省唯一一家国家级文化生态保护实验区，拥有青州、高密、临朐3个"中国民间文化艺术之乡"和14个"山东省民间文化艺术之乡"。

拓展阅读

杨家埠木版年画

杨家埠木版年画是一种流传于山东省潍坊市杨家埠的传统民间版画。其制作方法简便，工艺精湛，色彩鲜艳，内容丰富。每年春节年画题材都会更换一次，许多新思想、新事物出现之后，马上就能够在年画中反映出来，对社会的进步起到一定的促进作用。另外，杨家埠木版年画还间接地记录下了中国民居和民间社会生活的情况，对于中国古代文化的研究有一定的参考价值。杨家埠木版年画乡土气息浓厚，制作工艺别具特色，与天津杨柳青、苏州桃花坞并称中国木刻版画三大产地，2006年5月20日，杨家埠木版年画经国务院批准列入第一批国家级非物质文化遗产名录。

第二节 潍坊红色文化

19世纪中叶，英帝国主义以鸦片和炮舰打开了清王朝闭关自守的大门。之后，列强纷纷入侵，中国由一个独立的封建国家逐渐变为半殖民地半封建国家，中华民族沦落到苦难深重和极度屈辱的境地。五四运动后，马克思主义成为中国文化的一个重要组成部分，这便是红色文化的起点。红色文化产生后，逐渐发展成为中国社会的主流文化，主导了社会发展的方向和进程。红色文化的兴起是20世纪上半叶中国最重要的文化现象。潍坊地区的红色文化是中国红色文化的组成部分之一，其产生和发展的历史相对较早，具有一定的典型性。

一、红色文化的兴起原因

（一）从精神需求效应看，"红色文化热"的兴起是发自人们内心的渴望和心灵的呼唤

改革开放使得人们的物质生活得到极大改善，在拥有丰裕物质生活的同时，一些人的心灵深处却出现了"荒漠"。很长一段时期以来，许多人看腻了风花雪月、无病呻吟的言情剧，厌烦了"虚无缥缈"的武侠剧和兄弟反目、父子相残的宫廷戏，转而开始羡慕那些有理想、有信仰和富有献身精神的人，渴望从那些物质贫乏但精神富足的革命者身上发现生命的意义和快乐的真谛，而"红色文化热"的兴起则满足了人们心灵的需求。这一时期，红色小说的再版，红色电影的播放，红色之旅的推出，红色歌谣的传唱，都收到了意想不到的效果，唤醒了储藏在人们心底美好的记忆。获得精神的满足和超越是发自人们内心的呼唤，"红色文化热"的兴起则迎合了大众对红色文化的情感期盼和灵魂托付。

（二）从社会实践效应看，红色文化激励了一代又一代中华儿女为理想和信仰拼搏奋斗

中国革命波澜壮阔的历史进程，革命者感天动地的丰功伟绩，革命旧址、遗物展现的震撼心魄的场景，永远都是感动和教育后来人的最佳题材。小说《红岩》《野火春风斗古城》，电影《红色娘子军》《英雄儿女》，电视剧《长征》《亮剑》等红色作品，塑造和展现了在一个特殊的国度和社会时期里，民族和个人如何为生存和理想苦苦寻找解放道路的斗争精神，揭示了一个时代、一个民族对幸福的向往和为理想而献身的气概，其鲜明的爱国主义、集体主义、舍生忘死的英雄主义在人们的脑海里烙下了深深的印记。虽然这些作品的创作受限于当时技术条件、经济水平和创作环境，也存在一些遗憾，但正是这一特定时代勇于为理想而献身的精神以及那些原汁原味的内容，更增添了一份无法复制的本色魅力，使不同时期、不同年龄的人在品味这些作品的时候会有不同的收获和感悟，这就是红色经典超越时空的生命力所在，也是激励后来者追求理想和信仰的动力与源泉。

> **知识链接**
>
> **革命样板戏**
>
> 1966年12月26日《人民日报》发表的《贯彻执行毛主席文艺路线的光辉样板》一文，首次将京剧《红灯记》《智取威虎山》《沙家浜》《海港》《奇袭白虎团》，芭蕾舞剧《红色娘子军》《白毛女》和"交响音乐"《沙家浜》并称为八个"革命艺术样板"或"革命现代样板作品"。1967年5月31日《人民日报》社论《革命文艺的优秀样板》一文，正式提出了"样板戏"一词。之后又出现了京剧《龙江颂》《红色娘子军》《平原作战》《杜鹃山》等第二批"样板戏"。

二、红色文化的概念

红色文化的概念有广义和狭义之分。

广义的红色文化是指世界社会主义和共产主义运动整个历史进程中形成发展的人类进步文明的总和。

狭义的红色文化是指中国共产党领导人民进行的革命和建设进程中形成发展的，以社会主义和共产主义为指向的，把马克思列宁主义与中国实际相结合，兼收并蓄古今中外的优秀文化成果而形成的文明总和。

从文化的形态和形式来看，中国红色文化又可分为广义和狭义两种，广义的中国红色文化包括物质文明、精神文明、政治文明、社会文明、生态文明等各种文明形态。狭义的则是特指以文化形态表现出来的，体现社会主义、共产主义方向和目标的文明形态。红色文化最根本的特征是"红色"，它具有革命性和先进性相统一、科学性与实践性相统一、本土化与创新性相统一以及兼收并蓄和与时俱进相统一等特征。

中国红色文化有一个形成、发展、积淀、丰富、创新的文化演进过程，已经经历或必将经历包括在中国共产党领导下进行的新民主主义革命时期、社会主义革命和建设时期、建设中国特色社会主义等各个历史时期，直到共产主义最终实现的整个历史进程。

三、红色文化的历史地位

红色文化不是红色和文化的简单相加，而是将中国历史文化中红色寓意与社会历史实践的思想有机整合；红色文化是中国人民在长期的革命实践中，在不断选择、融化、重组、整合中外优秀文化思想的基础上所形成的特定文化精神和文化形态。它蛰伏于近代，形成于五四运动以后，成熟和发展于新民主主义革命和社会主义建设时期，新民主主义文化是红色文化的主流，社会主义建设阶段先进文化是红色文化的传承、丰富与发展。

四、红色文化的价值功能

红色文化建设既有利于坚持社会主义核心价值体系的实践性，又有利于打造具有中国特色和世界影响的红色文化产业新品牌，具有独特的价值功能。

（一）历史印证价值功能

1. 红色文化见证了"没有共产党就没有新中国"的历史

近代中国，国家积贫积弱，人民饱受磨难。为拯救国家和人民，无数革命者进行了长期的探索和斗争并为之流血牺牲，但都无法改变中国人民的悲惨命运，是中国共产党勇敢地担负起历史的重任，为中华民族的独立解放，为中国人民的平等自由作出了不懈的努力并付出了重大牺牲。一部红色文化史忠实地记载了中国共产党为人民利益而奋斗的历史。

2. 红色文化昭示了"只有社会主义才能救中国"的真谛

新中国成立后，随着社会主义制度的建立，实现了中国历史上最广泛、最深刻的社会变革。邓小平曾指出："如果不搞社会主义，而走资本主义道路，中国的混乱状态就不能结束，贫困落后的状态就不能改变。"中国共产党人在建设社会主义的实践中进行了艰辛的探索，取得了巨大成就，使中国的社会主义呈现出勃勃生机。

3. 弘扬红色文化有利于巩固党的执政地位

中国共产党的执政地位是历史和人民赋予的。传承红色文化，解读革命历史，有利于帮助人们了解共产党执政地位的来之不易，有利于巩固党的执政地位。

（二）文明传承价值功能

1. 红色文化是马克思主义中国化理论成果发展进程中的重要环节

中国共产党就是先进文化——马克思主义同中国工人运动相结合的产物，从成立的第一天起，就以马克思主义作为自己的指导思想。在中国革命的征程中，中国共产党人创造性地形成了指导中国革命走向胜利的先进文化——毛泽东思想。毛泽东思想继承了马克思主义的基本原理，又传承了中华民族五千年积淀而成的优秀传统文化和五四运动以来形成的红色文化，它们一脉相承又与时俱进。正由于马克思主义具有与时俱进的理论品格，在毛泽东思想之后，又诞生了邓小平理论、"三个代表"重要思想、科学发展观和习近平新时代中国特色社会主义思想。无疑，红色文化具有鲜明的传承性。

2. 红色文化提炼和凝聚了中国共产党人的革命精神并在中国革命、建设和改革开放的实践中得以传承

中国共产党在领导中国革命的征程中形成了红船精神、井冈山精神、长征精神、

延安精神和西柏坡精神等，这些精神是红色文化的精髓，是激励人们开拓进取、矢志不渝的强大精神支柱，实现中华民族的伟大复兴需要弘扬这些红色精神。和平建设时期形成的大庆精神、"两弹一星"精神、抗洪精神、抗震救灾精神、载人航天精神、抗疫精神等，就是红色文化得以传承的体现。深入发掘红色文化的传承价值功能，是培育新的民族精神的现实需要。

拓展阅读

中国精神

中国共产党带领广大人民进行革命、建设、改革的奋斗历程中，培育形成了一系列彰显和反映民族精神、体现时代要求、凝聚各方力量的"精神"，大大丰富和发展了中国精神。

新民主主义革命时期

五四运动精神：是"爱国、进步、民主、科学"的伟大精神。核心是伟大的爱国主义。

红船精神：是指1921年，中国共产党在浙江嘉兴南湖红船中诞生这一伟大革命实践所表现出来的精神。2005年，由时任中共浙江省委书记习近平首次公开提出。中国革命的航船从这里扬帆起航，体现了"开天辟地、敢为人先"的首创精神；中国共产党的诞生，使中国革命从此有了坚定的理想信念和强大的精神支柱，体现了"坚定理想、百折不挠"的奋斗精神；中国共产党从诞生的那天起，从来就没有自己的私利，而是以全心全意为人民谋福利为根本宗旨，体现了"立党为公、忠诚为民"的奉献精神。

井冈山精神：是指以毛泽东、朱德为代表的中国共产党人在创建井冈山革命根据地、开辟井冈山革命道路过程中所培育和发扬的革命精神。实事求是、敢闯新路是它的精髓；坚定信念、敢闯新路是它的灵魂；依靠群众、勇于胜利是它的本质；艰苦奋斗、百折不挠是它的根本。

长征精神：是指乐于吃苦，不惧艰难的革命乐观主义；勇于战斗，无坚不摧的革命英雄主义；重于求实，独立自主的创新胆略；善于团结，顾全大局的集体主义。其主题是"一不怕苦，二不怕死"，其最显著的特点就是革命英雄主义精神。

延安精神：是中国共产党在延安整风运动和大生产运动中形成的。1942年12月，毛泽东在陕甘宁边区高级干部会上，第一次提出了延安精神。延安精神是艰苦奋斗的精神；全心全意为人民服务的精神；理论联系实际、不断开拓创新的精神；实事求是的精神。延安精神的主要内涵是：坚定正确的政治方向，全心全意为人民服务，实事求是，理论联系实际，密切联系群众，敢于胜利，艰苦创业。其核心和主题就是"自力更生，艰苦奋斗"。

抗战精神：中国人民在抗日战争的壮阔进程中孕育出伟大抗战精神，向世界展示了天下兴亡、匹夫有责的爱国情怀,视死如归、宁死不屈的民族气节,不畏强暴、血战到底的英雄气概,百折不挠、坚忍不拔的必胜信念。伟大抗战精神,是中国人民弥足珍贵的精神财富,将永远激励中国人民克服一切艰难险阻、为实现中华民族伟大复兴而奋斗。

西柏坡精神:是中共中央在西柏坡时期产生的,是一种体现中国革命伟大历史性转折时代要求的革命精神,其基本内涵是:"两个敢于"(敢于斗争,敢于胜利)的革命进取精神;"两个坚持"(坚持团结依靠群众,坚持团结统一)的民主精神;"两个善于"(善于破坏旧世界,善于建设新世界)的科学精神,"两个务必"(务必使同志们继续保持谦虚、谨慎、不骄、不躁的作风,务必使同志们继续保持艰苦奋斗的作风。"

社会主义革命和建设时期

北大荒精神:是"艰苦奋斗、勇于开拓、顾全大局、无私奉献。"20世纪50年代末,中国人民解放军10万转业官兵,按照党中央"屯垦戍边"的方针,开赴地处黑龙江省荒无人烟的北大荒开拓。经过三代人的艰苦创业,建成了中国耕地规模最大、机械化程度最高的国营农场群,成为国家重要的商品粮基地、农副产品精深加工基地和外贸出口基地,成为举世闻名的"北大仓"。北大荒精神正是在这特定的自然环境和特定的历史条件下形成和发展起来的,集中体现了"北大荒人"这个英雄群体高度的政治觉悟、崇高的思想境界、严谨的工作作风和奋发向上的精神风貌。

红旗渠精神:红旗渠动工于1960年,十万林州人民,苦战十个春秋,仅仅靠着一锤一铲,两只手,在太行山悬崖峭壁上修成了全长1500公里的红旗渠,结束了十年九旱、水贵如油的苦难历史,孕育了"自力更生,艰苦创业,团结协作,无私奉献"的红旗渠精神。

大庆精神:是"爱国、创业、求实、奉献"。这简单朴实的8个字,凝聚了几代大庆石油人的奋斗精神,成为共和国工业文明之魂。它集中体现了我国工人阶级的崇高品质和精神风貌,是激励中国人民不畏艰难、勇往直前的宝贵精神财富。

雷锋精神:就是共产主义精神,是我国工人阶级和劳动人民高贵品质的生动反映,也是我党我军优良传统的具体体现。它的实质是:忠于共产主义和社会主义事业,毫不利己,专门利人,全心全意为人民服务,"把有限的生命投入到无限的为人民服务之中去",做一个平凡而伟大的共产主义战士。

"两弹一星"精神:是"热爱祖国、无私奉献,自力更生、艰苦奋斗,大力协同、勇于登攀","两弹一星"精神象征了中华民族自力更生、在艰难条件下集中力量从事科学开发研究,并创造"科技奇迹"的态度与过程,成为中华民族的宝贵精神财富。

改革开放和社会主义现代化建设新时期

抗洪精神:是全国军民以前所未有的凝聚力,战胜1998年长江、嫩江、松花江等地区特大洪水而形成的崇高精神。1998年9月29日江泽民同志在全国抗洪抢险总结表彰大会上的讲话中，概括出抗洪精神。是"万众一心、众志成城、不怕困难、顽强拼搏、坚忍不拔、敢于胜利"。

抗震救灾精神：是万众一心、众志成城，不畏艰险、百折不挠，以人为本、尊重科学的抗震救灾精神，是爱国主义、集体主义、社会主义精神的集中体现和新的发展。抗灾精神是团结、坚持、拼搏的人类精神，是"中国精神"的鲜活表现。

特区精神：是敢闯、敢冒、敢试、敢为天下先的改革精神，奋发有为、只争朝夕的创业精神，自立、自强、自信的拼搏精神，团结友爱、扶贫济困的互助精神，诚实守信、廉洁奉公的奉献精神，爱岗敬业、健康文明的人文精神，公正严明、规范有序的法治精神，崇尚知识、完善自我的学习精神，公开、透明的民主精神，面向世界的开放精神。

奥运精神：是为国争光的爱国精神、艰苦奋斗的奉献精神、精益求精的敬业精神、勇攀高峰的创新精神、团结协作的团队精神，是2008年北京奥运会留给我们的奥运精神。

载人航天精神："特别能吃苦、特别能战斗、特别能攻关、特别能奉献"是对载人航天精神的高度概括，这一精神是我党我军航天领域取得辉煌成就的巨大动力，也是我们党、国家和军队宝贵的精神财富。

中国特色社会主义新时代

科学家精神：2019年5月，党中央专门出台了《关于进一步弘扬科学家精神加强作风和学风建设的意见》，明确提出了科学家精神的内涵：胸怀祖国、服务人民的爱国精神，勇攀高峰、敢为人先的创新精神，追求真理、严谨治学的求实精神，淡泊名利、潜心研究的奉献精神，集智攻关、团结协作的协同精神，甘为人梯、奖掖后学的育人精神。

抗疫精神：2020年9月8日上午，全国抗击新冠肺炎疫情表彰大会在北京人民大会堂隆重举行，习近平总书记发表重要讲话，科学概括了伟大抗疫精神。"在这场同严重疫情的殊死较量中，中国人民和中华民族以敢于斗争、敢于胜利的大无畏气概，铸就了生命至上、举国同心、舍生忘死、尊重科学、命运与共的伟大抗疫精神。"

"中国精神"在迎接挑战中彰显、升华和创新，学会坚强、自信、友爱、奉献，正是"中国精神"新的代表。依靠"中国精神"我们取得抗震救灾斗争的伟大胜利；依靠"中国精神"我们成功举办北京奥运会、上海世博会等一系列国际盛会；依靠"中国精神"，我们成功抵御住了国际金融危机的冲击……依靠"中国精神"，我们成功控制了新冠肺炎疫情的蔓延，"中国精神"越来越成为我们应对危机的强大动力。坚守信念，传承精神，是一个民族成熟的标志。传承"中国精神"是一场没有终点的接力。在未来道路上，"中国精神"就像一盏灯，引领中华民族在复兴之路上阔步前进，开创更加美好的明天。

(三) 政治教育价值功能

1. 红色文化是开展青少年德育的有效载体

红色文化资源内容丰富，每一处革命遗迹、每一件珍贵文物、每一堂传统课都是鲜活的教材，都折射着革命先辈崇高理想、坚定信念、爱国情操的光芒。一个人对祖国爱得越深，历史的责任感就越强烈，人生目标就越明确，人生信念就越坚定。古往今来，彪炳史册的无一不是忠诚的爱国者。红色资源正是彰显革命历史的新平台、新课堂，其感召力是学校和书本不可比拟的。

2. 红色文化形式的多样化，使人们在寓教于乐中受到润物细无声的熏陶

近年来兴起的红色旅游之火爆是始料未及的，除了人们对那段红色年代充满向往之外，其中一个不可忽视的因素就是人们热爱一切美好的东西，敬仰那些为理想信念不惜牺牲生命的人。人们在红色旅游中能真切地感受到祖国山河是美的，红色热土承载的红色文化也是美的。革命老区丰富的山水人文资源和古朴淳厚的民俗民风，使旅游者在愉悦中感受山河之美，体验华夏民族的博大精深，感悟那段烽火连天斗争岁月的艰辛和今天幸福生活的不易，从而主动地、真诚地接受红色文化的洗礼和理想信念的教育。通过红色旅游这一时尚方式将历史知识、革命传统和革命精神传输给大众，会收到事半功倍的效果。

(四) 经济开发价值功能

文化产业在现代经济结构中已成为新的国民经济增长点，而红色文化则是文化产业的重要组成部分。红色文化具有良好的知名度和品牌效应，革命老区保留下来的遗址和可歌可泣的革命故事，既是宝贵的精神财富，也是发展红色文化产业的重要资源。革命老区多处于山区，风景优美、生态宜人，把红色文化、生态文化和古迹文化结合起来，寓思想教育于文化娱乐和观光游览中，既有利于传播先进文化，又有利于把红色资源转变为经济资源，从而推动革命老区的经济发展，帮助老区人民脱贫致富。近年来，蓬勃发展的红色旅游已成为推动老区经济社会发展的重要动力。红色文化是社会主义先进文化的重要源头之一，红色文化的发展创新对于促进社会主义先进文化建设，具有十分重大的意义。

五、新民主主义革命时期的潍坊红色文化

(一) 大革命时期诞生，斗争中逐渐发展

民国时期，随着新思想、新文化的兴起，尤其是五四运动的爆发，马克思主义传入潍坊地区。当地一些进步知识分子在寻找救国救民之路时，接受了马克思主义，投身共产主义事业，创建了潍坊地区的共产党组织。

1924年9月，潍坊地区建立了第一个农村共产党组织——中共寿（光）广（饶）支部，这是山东省境内最早的中共农村支部，也是全国范围较早的农村支部之一。之后，潍坊地区又陆续建立了中共青州支部、中共潍县支部和中共高密城市支部。1925

年2月，寿广支部建立后两县党团员数量有了较大增加，寿光、广饶分别建立党支部，寿光县建立了以张家庄为中心的寿光党支部。潍坊地区党的活动日益活跃，党的影响在各地群众中迅速扩大，党的队伍在斗争中不断加强。

拓展阅读

潍坊地区的早期党组织

五四运动中，潍坊地区涌现出了一大批爱国学生和积极分子，如诸城的王尽美、王翔千、王统照，潍县的庄龙甲、宋伯行、牟洪礼，寿光的张玉山，昌邑的于培绪，安丘的宋熙来，青州的李耘生、刘俊才、王元昌等等，成为了潍坊地区马克思主义的传播者和潍坊各地党组织的创始人和骨干。从1925年5月到1926年秋，短短一年多时间内，潍坊地区先后有四个县建立了地方执行委员会。

早期党员活动频繁　青州成为活动中心

1922年10月，山东最早的共产党人之一王翔千从济南来到青州，以青州省立十中教员身份掩护，宣传马克思主义，开展革命活动，在学生中培养积极分子，揭开了马克思主义在潍坊传播和党的创立时期的光辉一页。

1922年冬，王翔千介绍李耘生加入中国社会主义青年团。不久，刘俊才、王元昌、赵文秀等7人也相继入团，成立了团小组。1923年春，王翔千回济南工作，其弟王振千接过了他的工作，继续开展活动。

1923年，邓恩铭经常利用舅父在益都任知事的方便，在青州学生中扩大马克思主义的影响，创办了《学生联合会》会刊，标志着青州学生的思想境界达到了一个新的高度。

1924年，团中央决定在青州建立团支部。4月，中共一大代表王尽美、邓恩铭先后来到青州，指导成立了中国社会主义青年团青州支部，刘俊才担任支部干事长，团员十多人，隶属济南团地委。8月，团中央局第11次常委会决定，"批准山东青州成立一特别支部，归中央直辖"，支部书记王元昌，支部仍设在十中，通讯代号"昌化"。在这期间，王尽美第二次来青州，在十中做了旅欧考察报告。

团支部成立后，积极开展革命活动。1924年11月，团青州特支派团员去东益火柴公司，向青年工人宣讲革命道理，鼓动他们进行斗争，改善恶劣的工作状况，组织罢工和抗议活动，给资本家以打击。

到这年冬天，根据中共中央扩大执行委员会的《S·Y工作与C·P关系决案》中有关团员转党的决定，王元昌、赵文秀、李春荣等团员转为共产党员，成为青州的第一批党员。

1925年1月，青州在王元昌、赵文秀、李春荣3名党员的基础上，杜华梓等几位团员转为中共党员，随即建立起中共青州支部，杜华梓任支部书记，隶属于中共济南地方执行委员会。党员保留团籍，参加团的活动，支部会半月一次，小组会每周一次。

青州支部建立后，积极加强党团组织建设，有计划地派人深入东益火柴公司、火车站、乡村开展工农运动；在进步刊物《中国青年》上发表文章；支援青岛工人罢工的斗争，声援上海五卅运动以及以"非基督教大同盟"名义反基督教宣传活动。青州的工农群众觉悟大大提高，在农村成立了农民协会、儿童团等，为青州党组织的更大发展创造了条件。

1926年10月，中共山东区执行委员会委员宋伯行根据中共山东区执委指示，到益都县城东东圣水村，代表区执委领导益都、寿光、临淄、广饶、临朐、昌乐6县的工作。在发展党员的同时，在青州建立了益都城关、涝洼、东圣水村三个党支部。随后，在此基础上，建立了中共益都地方执行委员会，隶属中共山东区执行委员会，驻涝洼村。

随着青州革命形势的不断发展，党组织不断壮大，以益都为核心的昌乐、临淄、临朐、广饶、寿光等县党的活动更加活跃，具备了建立地执委的条件。山东区执行委员会决定建立中共青州地执行委员会，代行区委职权。1927年4月，中共青州地执委在东圣水村建立，隶属山东区执行委员会，下辖益都、昌乐、临淄、临朐、广饶、寿光等6县的党组织，并在各县设立了10余处交通点。到5月份，原属潍县县委领导的中共尧沟支部拨归益都地执委领导，此时，益都地执委下辖16个村党支部，党员发展到170多人。

1928年1月，曾任中共青州地委组织部长兼益都县委组织部长的杜华梓叛变革命，中共青州地执委、益都县委被迫疏散。东朱鹿支部与县委失去联系，但部分党团员坚持工作。1928年春，省委派人与东朱鹿支部取得联系，将东朱鹿支部改为中共益北特别支部，直属中共山东省委领导。益北支部建立后，积极开展革命工作，组织不断壮大。在益北特支的带动下，党的活动在东朱鹿村周围十几个村庄迅速开展起来。东朱鹿村一度被誉称为青州的"小莫斯科"。

1931年夏，段亦民来到益都，建立了中共益都特支。次年5月，重建益都县委。但由于"左"倾错误影响，1932年8月，益都农民暴动失败，县委及城区以南党组织又遭到破坏。益北特支也分别在1930年和1933年两次遭到破坏，但党员们各自为战，继续运用各种方式，在残酷的环境中秘密为党工作，直至抗战爆发。

深深扎根广大农村　寿光组织生机盎然

寿光的张玉山，五四运动期间在山东省立第一师范求学。1921年5月，张玉山同本校的8名同学成立了"青年互助社"，以研究新思想、新文化、创办乡村教育为宗旨，走教育救国的道路。不久，张玉山因肺病辍学，于1922年夏回到家乡张家庄，一边治病一边办新型小学。张玉山与进步青年王云生在张家庄创办起平民夜校和女子学校，他亲自授课，在讲授新知识、新文化的同时，在学生和农民中传播马克思主义。

1924年春，张玉山、王云生经同学延伯真介绍，来到青岛，见到了邓恩铭，由延伯真、邓恩铭介绍加入社会主义青年团，并任命为青岛团支部的通讯员。4月，邓恩铭借回淄川探亲之际，到寿光进行革命活动，要求张玉山、王云生积极发展组织。遵照邓恩铭的指示，张玉山和王云生在寿光北部和寿（光）广（饶）边界地区积极活动，很快发展两批青年加入社会主义青年团。到4月底，全县已有15名团员。

8月，张玉山、王云生由社会主义青年团员转为中共正式党员，并与广饶县的共产党员延安吉组成一个党小组，张玉山任组长。这个党小组是潍坊地区的第一个党小组，隶属中共济南地方执行委员会。张玉山、王云生转党后，又发展李铁梅、马保三、张用之等加入中国共产党。9月，经中共济南地方执行委员会批准，在原寿广党小组的基础上，成立寿（光）广（饶）党支部（时称支部干事会），张玉山任支部书记，王云生、延安吉任支部委员。该支部隶属中共济南地方执行委员会领导。潍坊地区的第一个党支部在寿光县诞生了。

中共寿广支部的建立，由于是在秘密环境下进行的，在当时的社会状态下不可能产生很大的影响。但在当时的山东大地上，它是全省建立最早的农村党支部，从全国来讲，也是建立较早的农村基层党支部。它对山东乃至全国农村基层党组织的建立起了积极的促进作用。寿广党支部的建立，是潍坊历史上开天辟地的大事，标志着马克思主义的根基已经扎入潍坊大地，揭开了中共潍坊地方党组织发展的篇章，潍坊的共产主义运动进入了一个崭新的阶段。

寿广支部建立后，积极开展革命活动。1925年初，经上级党组织批准，寿（光）广（饶）支部分立，寿光县以张家庄为中心建立了寿光党支部。张玉山任支部书记，委员有王云生、李铁梅等。

寿光支部建立后，支部委员分头进行活动，发展党团组织。张玉山到崔家庄双凤小学担任教员。他利用教学机会积极对师生进行阶级教育和革命思想教育，发展党员，由于他的熏陶，全校教职员工革命热情高涨，革命气氛非常浓厚，该校成为寿光党组织政治活动的中心。后又在南台头村、寿光北部南河一带发展了部分党团员。

1925年秋农忙季节，有很多贫雇农来张家庄卖工，地主富农趁机压价。在张家庄短工市上，张玉山发动雇工进行了罢市增资斗争，每个工日由过去的200钱增加到400钱，争取得了胜利。

随着党组织的不断发展，党员队伍不断壮大。1926年夏天，召开了寿光县党的活动分子会议，参加会议的有30多人。会上，张玉山要求随着党团组织的发展，童子团和农协组织的建立，今后要加强党团组织统一领导，加强统一战线工作，形成反对封建军阀的强大力量。这次会议对于推动党团组织及群众组织发展起了重要作用。到这年7月，全县建起了张家庄、双凤小学等十多个党支部，党团员发展到300多人，遍及寿光60多个村庄。

8月，在中共山东地方执行委员会委员宋伯行的主持下，寿光地执委在张家庄成立，张玉山任书记，李铁梅、褚方珍、马保三、陈章甫为地方执行委员会组成人员。接着，在张玉山家召开了第一次执委会。从此，寿光的革命工作就在地方执行委员会的统一领导下进入了一个新阶段。

1927年7月，寿光地执委改称寿光县委。随着大革命的失败，寿光党组织在白色恐怖中，坚持斗争，经历了多次改组，到1933年5月，县委活动完全中断。此后，寿光进入3年多无县委时期。寿光的党员仍然坚持隐蔽斗争，寻找党的组织。1936年10月，寿光县委恢复。

山东首个县级组织　潍县建立不朽丰碑

庄龙甲，山东潍县庄家村人。1921年秋，考入山东省立第一师范学校，结识了王尽美、邓恩铭等中共早期创始人，在他们的影响下踏上了革命征途。1923年春，经王尽美介绍，庄龙甲加入中国共产党，担任中共山东省立一师支部书记。

1925年1月，庄龙甲接受中共山东地方执行委员会指示回潍县开展党的工作，以毓华小学代课教师的身份进行革命活动。他秘密发展了南屯村的田化宽、田智恪和庄家村的庄禄海三人入党。一个月后，在庄家村建立了直属中共山东地方执行委员会领导的潍县第一个党组织——中共潍县支部，庄龙甲担任支部书记。

中共潍县支部建立后，支部成员深入到潍县火车站、坊子火车站和文华中学、文美中学及乐道院医院，在厂矿工人、进步师生和医护人员中宣传马克思主义和革命道理，培养积极分子。庄龙甲在文华、文美中学建立了"马列主义读书会"，启发青年的革命觉悟，组织发动了文美中学的反帝爱国罢课斗争。8月，发展学生王仰增、郑官升、孙葵书等党团员20多名，建立了文华中学团支部。在胶济铁路潍县站、坊子站的工人中间发展了部分党员，建立了坊子铁路机务段党支部。

随着全国大革命形势的发展，领导农民运动成为党组织发展壮大的契机。中共潍县支部在潍县城南一带农村，广泛进行反帝反封建的宣传教育，发展农民协会会员。1925年3月，在南屯村建立了农民协会，成为潍坊地区乃至山东省建立最早的农民协会。在潍南、潍北广大农村，一批农民协会和农民夜校也相继建立起来。在1926年3月召开的山东农民运动扩大会议上，庄龙甲被任命为潍县农民运动特派员。

4月，中共山东地方执行委员会派丁君羊到潍县，在潍城东郊黄家楼召开了党的活动分子会议，50多名党员和积极分子与会。会后，丁君羊同庄龙甲等人研究了建立中共潍县地方执行委员会以及其他方面的工作。到1926年6月，潍县党员发展到120名、团员200多名。根据中共山东地委的指示，中共潍县支部在茂子庄村王全斌家的场院屋里秘密召开潍县第一次党员代表大会，到会代表20余人。会议选举产生了中共潍县地方执行委员会，选举庄龙甲为书记，牟洪礼、张同俊、扈梅村为执行委员，王全斌为候补执行委员。

中共潍县地方执行委员会的诞生，是潍坊党组织发展史上的一个里程碑。它是潍县及附近数县党的领导机关的标志，使数县的党组织在党的统一领导下开展革命活动，从此有了较强的领导核心。自此之后，昌乐、昌邑、昌南等地党组织在其领导下，得到了较快发展，活动开展得轰轰烈烈。

中共潍县地执委成立后，先后秘密派党员到广州农民运动讲习所、武汉国民党中央军事政治学校、莫斯科东方大学学习，培养了一批干部，对加强党团建设，领导开展工人、农民、学生运动，发展统一战线，开展武装斗争发挥了重要作用。1926年10月，中共潍县地执委进行了调整，从广州农民运动讲习所学习结业回潍的胡殿武接替扈梅村任组织委员，王全斌接替张同俊任宣传委员。1927年春，在文华和文美中学建立了文美中学党支部，牟秀珍任支部书记。潍县的农民运动在党的领导下也有了很大发展，胡殿武在曹庄一带领导农民协会将地主的土地夺来重新分配，使曹庄成为当时潍县的革命活动中心。

四一二反革命政变后，国民党当局大肆捕杀共产党员和革命群众。7月，潍县的国民党右派分子在县立师范讲习所召开会议，打起了反共旗帜。八七会议后，中共山东省委于10月10日至11日，在济南郭店召开各地党组织负责人参加的扩大会议，传达八七会议精神，发出了"发动土地革命，组织农民武装暴动"的指示。

是年冬，根据省委批准，中共潍县地方执行委员会改称中共潍县县委。随后，县委做出了"建立革命武装，与反动派进行针锋相对斗争"的决议。庄龙甲从同学好友刘韶九处借来手枪一支；王全斌通过二姐王全荣动员家庭出资200银元购买手枪两支；牟洪礼借款120银元购买手枪一支。有了这四支手枪，县委于1928年1月在庄龙甲家里召开会议，宣布成立由王永庆、王兆恭、成希荣等人组成的特工组。特工组建立后主动出击，先后夺取了去望留集镇压农民运动的两个警备队员的匣子枪，县税务局一个队长的短枪和两排子弹，缴获了从江浙一带败退来潍的张宗昌部士兵长、短枪30余支。

1928年春，县委决定将特工组扩建为潍县赤卫队，王永庆、王兆恭分别担任正副队长，队伍发展到300多人，拥有长短枪支100多支。这支队伍在中共潍县县委领导下，开展了抗捐抗税、抗租抢坡、截获军粮、铲除恶霸、武装暴动等一系列革命武装斗争，沉重打击了潍县地方反动派的嚣张气焰，为党领导的地方武装斗争积累了宝贵经验。

1928年7月，中共潍县县委发动领导了大柳树农民武装暴动，遭到地主武装二区保卫团和国民党第七旅李朝英部的联合袭击，暴动惨遭失败，造成重大损失。

10月10日，庄龙甲被捕，12日被残酷杀害，中共潍县县委遭到严重破坏，革命斗争形势极度恶化。10月下旬，牟洪礼、马宣元等经过秘密串联，恢复了潍县党的组织活动，在东曹庄成立了中共潍县特支，马宣元任书记，恢复11个党支部，党员数量减少到76名，党的活动不得不由半公开转入地下。

1929年2月，中共潍县特支召开改组会议，传达了党的六大决议，选举了新的县委。新的县委成立后，接连在潍北地区组织领导了猪鬃厂女工罢工、短工罢市、发网女工罢市和抢坡斗争，使潍县成为当时整个山东革命斗争最活跃的地区。

6月，叛徒王复元到潍县捕杀共产党员，20多名党员被捕，潍县县委再次遭到严重破坏。1930年春，中共山东临时省委根据全省斗争形势，将潍县及周围地区列为工作中心区域，决定将中共潍县县委改为潍县中心县委，派李美亭任书记。中心县委辖潍县、益都、广饶、寿光、高密、临淄等县。潍县党的活动向白浪河以东地区扩展，发展邢明等数十人入党，建立了一批农村党支部。1931年底，中共潍县中心县委根据省委关于加强城市工作的指示，派党员陈铭新、高松溪等到煤矿领导工作斗争，发动了500多名工人罢工，取得了讨薪斗争的胜利。1932年2月，中共潍县中心县委调整为辖潍县、昌乐、昌邑、安丘、掖县5县。5月，根据省委建立武装，开展游击战争的指示，建立了数十人组成的赤卫队，活动于潍县与昌乐交界地区和潍北一带，积极准备武装暴动。

1933年7月，中共山东临时省委组织部长宋鸣时叛变，中共潍县中心县委书记刘良才被捕，县委遭到彻底破坏，潍县中共党员的活动转入地下，由集中转为分散，这种状况一直持续到抗战爆发。

依托铁路积极活动　高密组织蓬勃发展

1924年夏，在青岛四方机厂工作的高密籍工人傅书堂加入中国共产党。年底，同在四方机厂的高密籍工人尹振邦、马相阶由社会主义青年团员转为中共党员。他们三人经常以铁路工会的名义来高密火车站指导工作，开展党的活动，秘密发展了尚鲁民、管宗学入党。

1925年2月，在邓恩铭和王尽美的发动下，青岛四方机厂和铁路工人举行大罢工。高密火车站铁路工人也积极投入罢工，斗争取得胜利。1925年3月，胶济铁路总工会成立，下设青岛、高密、坊子、张店、济南、四方机厂6个分会，高密火车站为第二分会。自此，高密和坊子铁路工人在共产党的领导下开始进行有组织的革命斗争。

1925年5月29日，青岛的日本帝国主义勾结反动军阀，残酷枪杀青岛日商纱厂工人，制造了"青岛惨案"。5月30日，上海又爆发了震惊中外的五卅惨案。高密的铁路工人和学生得知消息后，积极响应，举行罢工罢课，游行示威，募捐救济上海、青岛受难亲属，发动抵制日货、英货。这时，傅书堂、马相阶、尹振邦以工会名义回高密指导活动。铁路工人尚鲁民、程云祥组织工人、学生紧密结合，劝阻中国商人停止经营帝国主义进口的货物。这次罢工、罢课斗争持续一个多月，掀起了轰轰烈烈的反帝爱国运动的高潮，在潍坊地区的工人中产生了很大的震动，有力地促进了工人运动的发展。

1925年8月，在傅书堂的家中成立了中共高密城市支部，傅书堂任书记，尚鲁民、管宗学为委员，支部直属于山东地方执行委员会。支部建立后，把工作重点放在高密火车站工人中培养积极分子，发展了程云祥、陈兆祥、单既辉入党。11月份，在火车站机务段成立了中共高密车站支部，尚鲁民任书记，程云祥、陈兆祥任委员。单际祥、单方坤、倪玉田、李天玉、陈来功、郭信然、陈来德、孙守云、陈来玉、丁惟尊等20多人相继入党。

两个支部建立后，除在工人中继续开展工作外，又把工作扩展到附近农村。1926

年上半年，先后建立了栾家庄、小王家庄、尧头、门家苓芝4个农村党支部，都直属于山东地方执行委员会。1926年秋，根据山东地方执行委员会的指示，在高密傅书堂的家中成立了县级党组织——中共高密地方执行委员会，傅书堂任书记，尚鲁民任委员。

高密地执委成立后，根据形势和不同对象，有针对性地开展工作。到1927年春，已建立党支部11个，发展党员数十人。同年6月，高密地执委改称中共高密县委员会。

四一二反革命政变后，全国斗争形势发生急剧变化，高密的党组织仍采取各种方式继续进行革命斗争。是年夏，中共高密地执委在全县十几处地方建立了工人和农民夜校，利用这种形式，向工农群众进行教育，号召大家坚定信念，坚持斗争。

6月份，反动军阀孙传芳败北，其部下陆殿臣师驻守高密，在大革命形势的影响下，正策划胶高独立。中共高密地执委趁此机会派共产党员打入陆殿臣部发动起义。在该师的参谋处成立了一个指挥部，傅书堂和尚鲁民在指挥部分别担任组织部长和宣传部长。高密县的党员和火车站工会会员积极参与。中共高密地执委计划，起义成功后，把队伍拉到平度山区，建立革命根据地。行动开始，派党员在陆部士兵中进行宣传鼓动，反对军阀混战。组织铁路工人拆了蔡家站以西的一段铁路，掐断陆殿臣与孙传芳的联系。他们连续开了7个会，一度造成很大声势。不久，在孙传芳胁迫下，陆殿臣发生动摇，率部开往济南，此举未能成功。

八七会议后，山东省委将《"八七"会议决议案》《山东省委通告》等文件发到高密，高密县委立即传达讨论并贯彻执行，开始了领导农民暴动，组建革命武装的工作。高密县委在西南乡曹家郭庄、高密城郊及东北乡、南乡的村庄建立贫民会，发展贫民会员500余人。

根据省委要求，1928年9月，高密县委在潍河沿岸村庄领导农民举行了秋收暴动。农民用土枪、土炮、大刀、长矛武装自己，开展抗粮、抗捐、抗税、抢秋的斗争。成立了曹家郭庄"苏维埃"政权，处决了村里民愤极大的庄长和地主，一时威震四方。但不久，遭到地主武装的镇压，坚持月余而失败。但这次暴动，打击了当地的封建势力，为党组织建立武装积累了经验，扩大了党的影响。

1928年10月、12月，高密连续两任县委书记张洛书、王全斌先后被国民党反动政府被捕。年底，山东省委内部又发生了王复元、王用章兄弟相继叛变事件。在国民党反动派的疯狂逮捕和野蛮镇压下，高密的党组织受到了严重破坏。

在济南做掩护工作的傅书堂的妻子李淑秀和妹妹傅玉真获悉叛徒事件后，立即返回高密，将傅书堂存放在家中的文件掩藏起来。王复元带领国民党捕共队到傅书堂家中搜查时一无所获。1929年初，中央为避免更大的牺牲，把王复元和王用章认识的同志都调离了山东，时任山东省委代理书记的傅书堂赴苏联入东方大学学习。

由于形势的不断恶化，李淑秀和傅玉真被调往青岛。傅玉真同避居青岛的高密火车站工人党员丁惟尊结为夫妻。不久，丁惟尊在白色恐怖下，被王复元引诱，叛变了革命，出卖了不少党的同志。被傅玉真发觉，她与李淑秀马上向党组织进行了汇报。

由傅玉真姑嫂俩配合中央派来的张英同志,处决了丁惟尊。不久,傅玉真姑嫂二人又配合张英,处决了叛徒王复元。之后,姑嫂二人与党组织失去了联系,回到了高密。

由于叛徒的出卖和国民党的残酷镇压,高密的党员急剧减少,党的活动进入了低潮。这一时期,高密在外地的党员利用节假日回高密开展了一些宣传活动。1932年以后,党的活动完全中断,直至抗日战争爆发以后,高密的党组织才逐渐恢复。

处益潍寿三县交界　昌乐发挥纽带作用

昌乐朱刘镇都昌村学生李华亭,1922年夏考入山东省立第一师范学校,结识了王尽美和邓恩铭,在他们的影响下,不久就加入了中国共产党。北展乡孟家淳于村的孟繁锷,1921年考入省立一师,与庄龙甲是同班同学,积极参加革命活动,被庄龙甲领导的省立一师支部吸收入党。另外,还有五图镇东耿安村的刘焕彩、乔官镇梁家庄的梁德元、梁宗鲁、朱刘镇圈子村的张适、北唐吾乡南张庄村的刘明铎等人也分别加入党组织或社会主义青年团。此后,这些在外地的党员利用假期回家探亲时公开演讲,向家乡进步青年邮寄进步书刊等形式,在昌乐宣传革命思想。

1926年,昌乐周边的潍县、益都、寿光相继建起了县级领导机构,党组织发展迅速。1927年2月,为了加强潍县、益都、寿光之间的联系,中共潍县地方执行委员会根据山东区执委指示,委派党员傅锡泽和傅乃武到尧沟镇,在西大街十字路口东侧路北开设"济生大药房",以行医卖药为掩护,开展党的地下活动,创建党的组织和地下联络点。

傅锡泽和傅乃武先是在设在尧沟的益都县第二小学开展工作,不断扩大影响。1927年3月,发展了益都第二小学的郭金祥等4人入党。接着,傅锡泽利用医生的身份,广泛接触社会各界人士,在农民、手工业者和教师里发展多人入党。月底,在"济生大药房"召开了全体党员会议,成立了中共尧沟支部,隶属于中共潍县地执委。5月,改为隶属于益都地执委。

尧沟支部建立后,在加强革命宣传的同时,继续发展党员,扩大组织,吸收了一批进步人士入党,活动的范围达到昌乐、益都、寿光三县的十几个村。尧沟支部成了省委与昌乐周围各县党组织联系的一个重要秘密联络站。

1928年清明前夕,由于郭大同被捕,供出了傅锡泽和傅乃武,造成傅乃武被捕,傅锡泽转移,尧沟支部被破坏。

孟繁锷从山东省立一师毕业后,根据组织安排,回昌乐开展工作。他经常与在冯玉祥部秘密入党回乡探亲的的表兄刘焕彩接触,发展了赵西林、刘存山等党员。刘焕彩也积极在东耿安一带积极活动,发展了同胞兄弟刘焕奎等入党。

经过孟繁锷、刘焕彩的努力工作,1927年10月,中共昌乐小组在孟家淳于成立,受潍县县委领导。小组党员在革命形势不断恶化的情况下,注意斗争策略,秘密活动,越来越多的群众开始向党组织靠拢。1928年3月,在赵家淳于村成立了中共昌乐中心区委,仍受潍县县委领导。

到1929年3月，淳于、耿安两地的党员发展到25人。根据中共潍县县委指示，中共昌乐中心区委下设淳于、耿安两个分区委，赵西林、刘焕彩分别任书记。他们一面建立党的外围组织"经互会"，一面积极创建秘密联络站。

1930年5月，刘焕彩与三弟刘焕奎在东耿安村办起了卷烟作坊"旭日烟社"，以此作为联络点。同年秋，又在刘焕彩胞弟刘焕斗的养蜂场建立了秘密联络点。

中心区委还注重共青团的创建工作。1931年6月，建立了共青团昌乐特支，刘焕彩之子刘龙骧任团支部书记。团工作的开展，配合党组织做了大量工作。

1931年春，在中心区委的努力下，中共昌乐党组织发展很快，先后有11个村建立了党支部，党员发展到75人。6月，为适应斗争形势需要，在昌乐中心区委基础上，建立了中共昌乐特支，接受中共山东省委领导，是昌乐第一个县级党组织，下辖淳于、耿安两个分区委。特支建立后，继续贯彻山东省委"关于农民运动的决议"，着手组织农民赤卫队，开展武装斗争。

3月，在昌乐特支领导下，组建了昌乐第一支革命武装——杨家淳于农民赤卫队。赤卫队很快发展到30余人，并筹集到土炮、台枪30余支。5月，中共潍县中心县委根据省委指示，抽调潍县、昌乐、安丘的部分同志成立赤卫队，姜公璞任队长，杨勋普、邢光沐为副队长，队员数十人。

8月10日至11日，中共昌乐特支在孟家淳于村和黄山后大沟两次召开分区委支部书记会议，初步确定了暴动的时间、地点和计划。17日晚，全县共产党员和赤卫队员、积极分子300余人集结于青龙山举行暴动宣誓大会。大会决定18日夜间举行暴动。结果，18日晨，国民党昌乐当局就获得了情报，进行了镇压，青龙山暴动未能举行。随后，孟繁锷等又被逮捕，昌乐党组织受到严重破坏，党的活动转入低潮。

1932年下半年，由于叛徒的出卖，杨勋普、于怀清以及潍县县委书记刘良才被杀害，昌乐党员与党组织失去了联系。赵西林、刘焕奎等人转移到昌乐中西部山区继续开展工作。1935年6月，他们在打鼓山村建立了支部，并建立打鼓山地下联络站，在白色恐怖的环境中坚持斗争，直到抗战爆发，才迎来昌乐党组织发展的转机。

昌邑农民运动突出　安丘困境建立组织

1925年秋，昌邑籍学生于培绪在齐鲁大学读书，与中共山东地方执行委员会派来发展党员的丁君羊结为好友，后经丁君羊、关向应介绍，加入中国共产党。他入党后，经常带领昌邑籍同学王兴选、黄复兴参加学生运动，并进行马克思主义宣传和党的教育，不久即介绍两人入党。在潍县文华中学读书的卢云斗和黄世伍，接受了潍县县委书记庄龙甲的宣传，积极参加学生运动，于1925年先后入党。此后，于培绪、王兴选、黄复兴、卢云斗、黄世伍等，每逢寒暑假便从学校带回革命传单和介绍马列主义的小册子，在群众中进行宣传。

1927年，中共山东区执行委员会根据形势发展的需要，派王兴选以岞山车站"车务司事"身份为掩饰，在铁路工人和周围村庄农民中秘密开展党的工作。不久，山东区执行委员会确定岞山站为山东区执行委员会与胶济铁路东段沿线党组织的联络站，并派黄复兴、黄世伍回到昌邑协助王兴选开展工作。同年6月，王兴选、黄复兴、黄世伍按照山东地方执行委员会要求，在岞山站创建了昌邑县最早的党组织——中共岞山支部，王兴选任书记。中共岞山支部受省委直接领导，负责省委与青岛党组织的联系和组织领导昌邑革命斗争。

在岞山支部的领导下，昌邑南部的铁路工人和贫苦农民反抗剥削和压迫的斗争日益兴起。培养了一批积极分子。在饮马一带，领导农民开展了抗捐、抗税、抗租斗争。在外地做党的地下工作的于培绪也曾几次回到昌邑，向岞山支部传授外地的工作经验和斗争信息，加快了岞山支部发动农民运动的步伐。

1928年，回到昌邑的于培绪与岞山支部决定，在农民运动的骨干中发展党员。10月，于培绪、黄复兴、黄世伍分别介绍饮马的于钦绪、于钦敬、于敦茂加入中国共产党，随后成立了中共饮马支部，黄世伍任书记。该支部具体领导以饮马为中心的农民运动，并通过岞山支部与省委保持联系。

卜庄乡大陆村的陆升勋，受到进步的教育及五四运动的影响，于1927年初，在自家沿街堂屋里，创办了昌邑第一个农民协会——大陆村农民协会，发展到100多人，号召穷人组织起来抗粮、抗捐、抗税，在社会上引起了强烈反响，为后来农民运动的发展提供了经验。

1927年八七会议以后，昌邑党组织在于培绪的领导下，开展农运工作，筹建农民武装，发展壮大党组织，准备举行农民暴动。

12月下旬，王兴选和黄复兴、黄世伍分别在新河头村、饮马镇成立了"贫民会"。6月，于培绪由济南回到昌邑，与岞山支部一起迅速扩大贫民会组织，打击土豪劣绅，抗捐、抗税，促进了农民运动的高涨。8月21日，成立了饮马"红枪会"，参加会员500余人，附近村庄的贫民也纷纷赶来入会，高密、平度、安丘等与昌邑相邻的村也派代表来饮马，要求于培绪等去帮助成立"贫民会"。农民运动深入开展起来。

1928年10月，根据省委指示精神，由黄复兴挑选200余名青壮年组成了饮马"红枪会"，并联络周围杨家楼、丈岭及平度的白里、泊子等42个村庄的"红枪会"，成立了有2000余名会员的"联庄会"。

10日，饮马"贫民会""红枪会"200余名会员袭击了本镇恶霸地主的小衙门——天宝堂，斗争了恶霸地主，焚烧了高利贷帐。12日，30余名"红枪会"会员又收缴了恶霸地主的武器弹药，缴获了部分枪支和上千发子弹。16日，饮马支部组织"红枪会"200余名会员围歼了军阀残余高化青部，缴获小炮两门，步枪50余支，战马7匹，大车3辆。在饮马支部的领导下，农民武装斗争势如破竹，取得了节节胜利。

饮马武装暴动，动摇了国民党地方政权和封建军阀的统治基础，遭到了国民党反动当局的镇压。由于经验不足，饮马暴动失败了。于培绪、黄复兴等壮烈牺牲。随后，岞山支部、饮马支部遭到完全破坏，昌邑党的活动暂时中断。

1932年，省委派赵鲁人到昌邑，以国民党昌邑县政府建设科科员的身份为掩护，秘密开展工作，建立了中共昌邑特支。是年夏天，赵鲁人到柳疃一带开展工作，发展了齐文甫、翟瑞符等党员，建立了柳疃支部。同时，还在昌邑织布工人中建立了团支部。10月，国民党山东党部掀起剿共高潮，昌邑特支和柳疃支部被迫停止了活动。

1936年张智忠从青岛回到昌邑，在集东村建立了中共昌邑县委。1937年4月，山东省委派鹿省三来昌邑指导工作，昌邑的党组织又得以迅速恢复和发展。

勇于面对残酷斗争　安丘县委险境诞生

大革命失败后，1931年，中国进入了更加严峻的历史阶段，山东的党组织和党员连遭破坏和杀害。在安丘，国民党安丘区党部与地主豪绅勾结，残暴地镇压人民的革命斗争。贫苦农民常常因为交不上苛捐杂税被逮进监狱，横遭杀害。

原籍安丘宫家庄村的刘云鹏，在1928年5月，退出直鲁军去青岛，与共产党员潘刚三回到家乡组织地方武装，不久被地方军阀残余和豪绅武装打垮。1929年，刘云鹏打入杨虎城部做兵运工作，后随部队去陕西。1931年5月，他与潘刚三在陕西宝鸡组织兵变失败，逃回青岛。7月中旬正式加入中国共产党。

随后，刘云鹏受中共山东省委的派遣，返回安丘，以县军委名义秘密开展工作。由于刘云鹏在安丘有一定的社会基础，很快就发展了部分党员，联络了一部分群众。山东省委了解情况后，派郑东等同志一起来安丘帮助工作。

8月12日，在安丘城烟市街门外的一个小园屋里，由郑东主持，建立了中共安丘县委，22岁的刘云鹏任县委书记兼组织部长。县委在郑东的帮助指导下积极开展革命工作。

但是，刘云鹏等人的活动引起了国民党安丘当局的注意。10月中旬，刘云鹏被通缉，被迫离开安丘去青岛，县委活动终止。

1932年7月至11月，潍县的牟铭勋还按照上级指示在安丘北乡组织特别支部，并担任支部书记。这些零散的活动，为抗战爆发后安丘党组织的恢复奠定了基础。

诸城在外党员居多　临朐建党投入抗战

1921年7月，中国共产党成立，诸城大北杏村的王尽美作为代表参加了大会。1922年7月，建立了中国共产党在山东的第一个支部——济南地方支部，王尽美任书记。

中共济南地方支部建立后，济南、青岛、益都等地先后有王翔千、王象午、王志坚、孙仲衢、曹芸卿等一大批诸城籍进步分子加入中国共产党。

大革命失败后，各地党组织纷纷遭到破坏。在中央组织部的统一安排下，上海、武汉、广州等地部分山东籍党员先后回到山东参加当地组织，秘密开展活动，发展党员。孙仲衢按照中央组织部统一安排，于1927年6月，由武汉回到了诸城老家龙古乡孙家楼子村。一个多月后，以在相州国立小学教书为掩护，秘密进行革命活动。

8月初，孙仲衢借叔丈人去世参加葬礼的机会，在西楼子村开展活动。他先是找到叔伯内地刘明三交流思想，后又联系东楼子村表哥臧仰之，经过一番细致的思想启发，两人都同意参加革命活动。葬礼过后，孙仲衢带刘明三向中共山东省委汇报了工作，为刘明三办理了入党手续。回到楼子村后，即介绍臧仰之入党。9月中旬，3人在西楼子村刘明三家草园的小炮楼上秘密成立了党支部，孙仲衢任书记，直属山东省委领导。支部成立后，积极发展党组织。到第二年，发展党员20余人。

是年冬，从北京大学回到家乡曹家戈庄的共产党员曹克明（后叛变），经过一段时间秘密工作，发展了曹温卿等一批党员，成立了曹家戈庄党支部，受中共高密县委领导。同时，王翔千在相州发展臧克家等人入党，建立了相州支部。诸城党组织从此迅速发展起来，领导诸城人民开始了英勇顽强的斗争。

1928年8月，中共山东省委常委刘俊才作为省委巡视员，带领王全斌等人到诸城、高密、安丘一带开展农民运动。为了便于统一部署和领导诸、高、安三县的农民武装斗争，发展和壮大组织，他们决定成立党的统一领导机关。随后，在西楼子村刘明三家草园的小炮楼上成立了中共诸城特支，辖6个支部，党员38名。西楼子村成为当时诸城党组织秘密活动的中心。

中共楼子支部建立后，即遵照八七会议精神和省委指示，着手发动群众，建立"贫民会"，在贫民中发展了大批党员。1928年7月，孙仲衢与省委委员王永庆一起，争取了联庄会长张山泉加入贫民会。随后，在东楼子村臧姓祠堂成立了"山东省第四贫民会"，很快发展到了9个村，会员200多人。

9月，组织了楼子、曹家戈庄等十余村，1000余农民参加的秋收暴动。23日开始，组织了王家汙、楼子村、曹家戈庄等村的贫民会会员和农民，抢收地主的庄稼。10月初，孙仲衢带领三四十名贫民会员，阻止了四五百佃户进城向地主交租。是年秋，东、西楼子村及张家庄子一带几百户佃农抗交了租粮。

为消除联庄会对贫民会的威胁，贫民会处死了民愤极大的曹家泊庄长，打伤了北营联庄会长。10月4日，丁家沙窝、曹家戈庄党支部和贫民会持续3天攻打土劣集中的曹家戈庄，放火烧毁了地主劣绅的场院和房子，缴获手枪5支，财物一宗。

连续两个多月的暴动，引起了地主恶霸、土豪劣绅的恐慌，他们与国民党县政府串通，加上张山泉的倒戈，调集了20多个村的联庄会1000余人，对贫民会进行镇压。孙仲衢等人紧急转移，其他党员和贫民会骨干也分头隐蔽，诸城特支和贫民会遭到破坏。

1929年5月，马馥塘等在诸城邮局建立支部，并在国民党驻军中秘密发展党员，建立了党支部。1930年1月，由于叛徒出卖，诸城邮局支部被破坏。1931年3月，在诸城四区潮河、五莲山一带，经过日照县委书记安哲和安子璋等同志的努力，由日照县委决定，建立了诸城特支。1932年10月，中共诸城特支组织部分党员和积极分子80余人参加了五莲山区的连续13天的农民暴动，被国民党反动武装会剿失败，中共诸城特支随遭破坏。直到抗日战争全面爆发，诸城党组织才重新得到恢复。

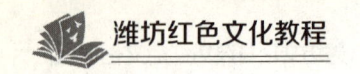

吴家辛兴建立"堡垒" 赵家孙家誉称"延安"

1922年，临朐县吴家辛兴村吴芳亭考入山东省立第十中学。1924年冬加入中国社会主义青年团。1925年9月任中国社会主义青年团益都特别支部组织委员。1927年，根据中共益都地方执行委员会指示，在吴家辛兴一带发展团员，于6月建立吴家辛兴共青团支部，成为临朐与益都地执委联系的地下交通点。为临朐党组织的建立提供了有力支援和后备力量。

1929年，临朐西坦村的刘贵义考入益都山东省立第四师范，积极参与革命活动。1932年2月，经中共益都特支书记段亦民介绍加入中国共产党。刘贵义说服爱人变卖了陪嫁首饰，将看好的民宅买下，建起了地下联络站，归益都县委领导，作为益都通往山东南部的交通站。建立地下联络站以后，刘贵义不顾个人安危，经常化名乔装，与敌周旋。1933年后，刘贵义在临朐师范讲习所以教学为掩护，开展地下工作，一直到抗日战争、解放战争，为我党、我军提供了有利情报，成为上级党组织在临朐的"堡垒"。

1935年春，在济南乡村师范上学的高启云、孙毅民分别在家乡赵家楼和孙家小崔村建起"读书会"，团结了部分进步青年。1936年3月，高启云、孙毅民加入中国共产党。同月，高启云又介绍临朐籍同学于杰入党。高启云、于杰先后担任济南乡师党支部书记。

根据省委指示，高启云、孙毅民开始注意到农村发展党的组织。1936年，高启云回到家乡赵家楼村，发展了高奋入党。高奋又发展了高德福、高景和等三人入党。7月，由高奋、高德福、高景和三人组成建立了赵家楼村党支部，高奋任书记。接着又发展了一批进步青年入党。

与此同时，孙毅民在孙家小崔村发展了孙清兰、孙海兰等入党，建立了孙家小崔村党支部。两个支部建立后，利用读书会、黑板报等多种形式传播革命思想，宣传抗日救亡。他们还在村里办起识字班，教唱革命歌曲，破除封建迷信，反对封建礼教。景晓村受山东省委委派，以巡视员身份到赵家楼、孙家小崔村检查指导工作时，誉称这里是临朐的"小延安"。

1937年12月，高奋带领赵家楼、孙家小崔村党支部，发动群众500多人，包围伪纸坊区公所，砸了粮仓和盐店，同时开展了向地主"借粮"斗争，救济困难群众。此后，临朐党组织就投入到了轰轰烈烈的抗日洪流当中。

据统计，到1927年4月，潍坊地区建立党支部67个，党员达637人之多。潍坊地区成为山东省建立县级党组织最早、最多的地区。至8月，中共山东省委下辖8个地方执行委员会，其中4个在潍坊地区。据中共山东省委1927年11月给中共中央的报告记载，当时全省约有共产党员1500人，其中仅潍县、益都、寿光3个县党员就达481人。潍坊地区共产党组织积极宣传马克思主义、支援青岛等地工人反帝罢工斗争、开展农民运动、与国民党组织展开合作，使潍坊地区成为山东省共产党最活跃的地区之一。尤其是潍县一带，当时有"共产党的潍县"之说。

（二）土地革命十年中，两次遭受到重挫

1927年8月至1937年7月的土地革命战争时期，是潍坊地区共产党组织极端艰难、斗争异常残酷曲折的十年。十年间，潍坊地区共产党组织先后两次掀起农民武装暴动都遭到失败，付出了沉重代价。

第一次农民武装暴动高潮发生于1928年秋。潍坊地区共产党组织先后发动了潍县大柳树暴动、高密与诸城交界的潍河暴动、昌邑饮马暴动，全部失败。第二次农民武装暴动高潮发生在1932年秋。潍坊地区共产党组织又发动青州郑母暴动、昌乐青龙山暴动和潍县固堤暴动，均告失败。

因反动军阀和国民党反动派对共产党人实行凶残的屠杀政策，十年间潍坊地区近百名共产党员英勇牺牲。仅1928年至1931年，潍县县委就有3位书记倒在国民党反动派的屠刀下。1932年秋青州暴动失败后，潍坊地区共产党组织陷入瘫痪状态。但是，共产党人没有被敌人的暴行吓倒，他们用鲜血和生命，捍卫自己的信念，前仆后继，努力重建共产党组织。到1936年秋，潍坊地区又重建了两个县级共产党组织。1937年上半年，共产党的支部已达10多个，党员人数恢复至百人左右。

潍坊地区共产党组织的发展在遭受重挫后并没有止步，稍作停顿后，又开始复兴。

（三）全力投入抗战，逐渐成长壮大

1937年全面抗日战争爆发，这期间，潍坊地区共产党组织全力以赴投入抗日武装斗争中。

1937年底至1938年初，潍坊地区共产党组织创建了八路军鲁东游击队第八支队、八路军鲁东游击队第七支队等数支抗日武装。这些武装后来大部分编入了八路军主力部队，成为山东抗日战场上的劲旅。

从1938年开始，潍坊地区共产党组织和抗日武装陆续开辟了寿光清水泊、益（都）寿（光）临（淄）广（饶）四县边区、益（都）临（朐）淄（川）博（山）四县边区和昌（邑）潍（县）抗日民主根据地。这些抗日民主根据地，成为本地区抗日战场上的中坚力量。

从1943年夏季开始，潍坊地区八路军的对日作战开始由战略相持阶段向反攻阶段过渡，潍坊地区的抗日斗争形势明显好转，抗日根据地迅速恢复和扩大。之后，随着世界反法西斯斗争形势的好转，潍坊地区八路军部队向日伪军发起进攻，解放大片国土。

到抗战结束时，除了潍县、昌乐、高密、安丘、诸城的局部地区被日伪军和国民党军占据外，潍坊地区三分之二以上的区域被八路军解放。潍坊地区共产党组织已在200多万人口的地域里执政，积累了丰富的军事斗争和执政经验，在人民群众中树立了很高的威望。

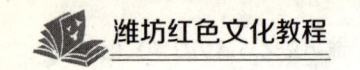

（四）在解放战争中，转向全面崛起

抗战胜利后，国民党反动派发动内战。潍坊地区共产党组织带领解放区军民，配合解放军主力部队，经过浴血奋战，粉碎了国民党军的军事进攻，将境内国民党军压缩在潍县、昌乐、寿光、益都铁路两侧及安丘的局部地区。

与此同时，潍坊地区共产党组织在解放区领导农民开展了土地改革运动，改变了农村土地占有关系，铲除了封建制度的根基，使农民得以翻身，"耕者有其田"成为现实，农民生活得到改善。

1948年春，华东野战军山东兵团奉命发起潍县战役，一举攻克了国民党军重点设防的潍县城，解放了潍坊全境。随后，华东局调集干部对潍县城及周边实行接管。伟大战役孕育伟大精神。血与火的考验，淬炼出了伟大的潍县战役革命精神，即"为谁当兵、为谁打仗"的宗旨观念、"战必胜，攻必克"的攻坚意志、"光荣地进去，干干净净地出来"的纪律意识。潍县战役精神的红色基因，植根在潍坊大地，激励着潍坊人接续奋斗。境内各级共产党组织和人民政府带领广大群众，倾全力支援济南战役、淮海战役和渡江战役，迎来了中华人民共和国的诞生。

六、中华人民共和国成立后的潍坊红色文化

（一）社会主义革命和建设时期的潍坊红色文化

1. "三大运动"巩固保卫新政权

新中国成立后，为了巩固保卫胜利果实，潍坊人民积极投身入"土改运动""镇反运动""抗美援朝"三大运动中。"土改运动"以"坟庄"为土改试点，成功后加以推广，农民"改地换天"做了主人。"镇反运动"历时三年，通过三次镇反的部署与实施，共逮捕各类反革命分子18114名，基本肃清了反动残余。"抗美援朝"运动中，潍坊人民举行游行示威，订立爱国公约，捐献飞机大炮，青年踊跃参军，万众一心绘就了波澜壮阔的历史画卷。

2. "三大改造"实现生产资料公有制

潍坊地区的农业合作化自1953年夏季开始，到1956年11月，入社农户占总数的91.3%，其中建成高级社4229个，入社农户918588户；初级社9261个，入社农户651559户。基本实现了农业合作化。潍坊对70多种自然行业、42066名个体手工业者的社会主义改造历时2年，到1956年底，全部实现合作化。在对资本主义工商业的改造中，全业合营的工业有榨油业、火柴业等13个行业75户，其中28户走合作化道路。以公私合营形式为主、辅以其他形式进行改造的商业有39个私营零售行业，共144户。对汽车马车运输、渔业、盐业、营造业、剧院等全部进行了改造并于1956年底基本完成了任务。

3. 支援边疆建设

新疆和平解放后，为了西北边陲的安全稳定，1952年，以王秀兰、孙玉芳为代

表的潍坊 1000 名妇女积极响应上级号召，告别了自己的亲人，把自己最美好最珍贵的青春献给了大西北。

1959 年 4 月 17 日，中共昌潍地委、昌潍专员公署下发了《关于动员青年参加边疆地区社会主义建设的通知》，对当时动员 3 万名青年支援东北三省建设工作作了全面部署。3 万名去东北建设的青年以县为单位，一个县一个营，下属若干排。营长由县里负责配备一非脱产的干部担任。连长、排长等由乡或人民公社从生产队的骨干力量中配备解决。分为六个批次遣送。他们大都在二十岁上下，有的才十五六岁。他们和其他拓荒者一道爬冰卧雪，排干沼泽，开垦荒原，把曾经人迹罕至的"北大荒"建设成了美丽富饶的"北大仓"，谱写出了"北大荒"开发史上灿烂辉煌的一页。

4. 大比武荣获集体一等奖

1958 年，美国在中国台湾海峡制造紧张局势，对中国进行军事挑衅和战争威胁。公然扬言，美国海军随时准备在中国大陆登陆。在这种形势下，1958 年 7 月 22 日，中央军委扩大会议通过的决议中明确提出："必须积极积蓄和壮大后备力量，贯彻执行把预备役和民兵合而为一，实现全民皆兵的方针。"于是随着形势发展，各地很快掀起了"大办民兵"的热潮。

1964 年 10 月 11 日至 25 日，山东在全国率先召开全省民兵比武大会，共有来自全省 88 个县市的 1329 名民兵参加。规模之大在全国空前。在这次大比武中，昌潍地区代表队共选派了 71 人参加，参加的项目主要是步、机枪射击和炮兵两个项目。比赛中，昌潍地区代表队取得了优异成绩。

荣获表演项目集体一等奖的有昌乐县平原村民兵炮连班、诸城县刘锡元祖孙三代、安丘县董培功一家四人。荣获表演项目个人一等奖的有邹秀云、李桂芬、陈兰香、王明福。

荣获比武项目个人一等奖的有徐醒坤、刘树田、李明智、邰秀琴、王志善、李衍明、王培顺。

邹秀云还到北京向毛泽东同志作了汇报表演。

（二）改革开放和社会主义现代化建设新时期建的潍坊红色文化

1. 华光激光照排：开创"光与电"的印刷新时代

为了改变我国印刷行业的落后面貌，解决汉字的计算机信息处理问题，1974 年 8 月，在总理周恩来的布置下，原四机部（电子工业部）、原一机部（机械工业部）、中国科学院、新华社等机构联合发起，设立了国家重点科技攻关项目"汉字信息处理系统工程"，简称 748 工程。748 工程分为精密中文编辑排版系统、中文情报检索系统和中文通信系统三个子项目。

1977 年，由北京大学计算机研究所、潍坊电子计算机厂（华光集团前身）、新华通讯社等单位组成的会战组，承担起了汉字激光照排系统的开发生产。潍坊电子计算机厂派出专业技术队伍进驻北大，参与系统的开发研制，而照排系统的生产任务基本

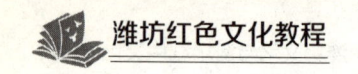

上落在了潍坊电子计算机厂。

1979年7月27日，原理性样机华光Ⅰ型排出了8开的报纸底片；1980年7月，排出了第一本汉字图书的样书——《伍豪之剑》；1981年7月，华光Ⅰ型通过部级鉴定。

1983年，中间试验机型华光Ⅱ型问世，1984年初在新华社进行中试；1985年2月排出日刊《新华社新闻稿》和旬刊《前进报》；1985年5月，华光Ⅱ型系统通过国家鉴定，在新华社投入运行，后被评为1985年中国十大科技成就之一。

1985年11月，进入实用阶段的华光Ⅲ型推出，1986年10月28日，在经济日报社印刷厂第一次照排成功4开大报《中国机电报》（周报）；1987年5月22日，《经济日报》使用华光Ⅲ型出版了世界上第一张采用计算机编辑激光照排、整页输出的中文报纸。

从此，汉字激光照排系统走上了商品化、产业化的坦途，在中国掀起了"淘汰铅与火，迎来光与电"的印刷技术革命，为汉字进入现代信息社会做出了不可磨灭的贡献，极大地推动了计算机中文化的进程。

这一中国科技进步史上的颠覆性创新成果，打破了鸦片战争以来，中国技术远远落后于国外同类技术的格局——它不是追赶，而是直接超越。

在2000年由中国工程院等单位组织的"20世纪我国重大工程技术成就"评选中，"汉字信息处理与印刷革命"项目名列第二位，仅次于"两弹一星"。

已故两院院士、"汉字激光照排系统之父"王选教授生前如是说：

"'748'工程是集体会战的结果，1975开始搞研究，到1976年9月任务书下达，中间一段时间非常困难。我总结的经验是：要善于依靠别人，懂得自己不足。1987年和1988年前，潍坊计算机厂的贡献很大，他们的调试能力、组织生产能力比我们强。我当时有一个设计编程的错误，如果不纠正，就会产生可怕的随机故障，前后折腾了一年多，后来还是潍坊的一个同志找出来的。1987年，《经济日报》是第一个上激光照排系统的大报，使用的就是潍坊具体设计的报纸组版软件。"

2. 大棚蔬菜引发"绿色"革命

1988年，为缓解副食品供应偏紧，保证老百姓一年四季有新鲜蔬菜吃，农业部提出建设"菜篮子工程"。1989年，寿光市孙家集街道三元朱村党支部书记王乐义奔赴辽宁省瓦房店市，三下关东，向蔬菜种植能手韩永山"取经"。经过数百次试验，王乐义发明了冬暖式大棚蔬菜生产技术，在村民不愿冒风险的情况下，他与全村17个党员带头，建起了第一批大棚。这一年，村里冒出17个"双万元户"！从那时起，王乐义的星星之火开始燎原。以他为首的"技术小分队"把发明的冬暖式大棚蔬菜生产技术，先是传播到寿光全境，后又无偿传播到全国26个省区市。在全国引发"绿色"革命，结束了我国北方冬季吃不上新鲜蔬菜的历史。

3. 农业产业化：从地方战略到国策

1992年到1993年，我国正处在计划经济体制向市场经济体制转轨的阶段。潍坊市市场取向的农村改革已经取得了巨大的阶段性成果，农业和农村经济取得了长足发展。但是，在前进过程中也遇到了一些新情况、新问题。

一是农民单家独户的分散经营与大市场的矛盾日益突出；二是城乡关系、工农关系不协调，农业比较效益低与其他产业利益分配不合理的矛盾更加尖锐；三是农业领域市场法规不配套、不完善，农村经济运行机制与市场经济发展要求不相适应的矛盾日趋明显。

根据上述情况，潍坊市认真总结了诸城市贸工农一体化、寿光市依靠市场带动发展农村经济、寒亭区"一乡一业，一村一品"和高密市实行区域种养等做法和经验，组织力量出国考察学习了日本农协、法国农业联合体、美国垂直一体化农业公司等管理现代化农业的先进经验。通过总结、对比、借鉴，全市上下形成了共识：要克服和解决农村改革与发展中的深层次矛盾，摆脱农业困境，就必须按照产业化的要求来组织发展农业和农村经济，尽快形成内联千家万户、外联国内外市场的产业化、系列化生产经营体系。

潍坊市委、市政府在反复讨论、统一思想的基础上，于1992年明确提出了"农业产业化"，1993年初正式做出决定，在全市范围内全面实施农业产业化战略。

潍坊市实施农业产业化的做法，成为全国各大新闻媒体关注的焦点，也引起了党和国家领导人的热切关注。1995年12月，《人民日报》发表了《论农业产业化》的社论，并就潍坊市实施农业产业化战略连续发表三篇述评，使潍坊农业产业化推向全国，产生了强烈反响，既为这一新的农业发展思路进入中央决策奠定了舆论基础，也为农业产业化在全国的推行和实践起到了重要的导向作用。

1997年9月，党的十五大报告中明确指出："积极发展农业产业化经营，形成生产、加工、销售有机结合和相互促进的机制，推进农业向商品化、专业化、现代化转变。"从此，农业产业化正式成为国策，成为中国农业发展的必由之路。

党和国家主要领导人先后多次到潍坊考察，对潍坊市实施农业产业化的做法给予了高度评价。全国所有省份的党政主要领导和分管领导以及农业、财政、金融、经贸、外经贸、供销等系统的有关领导也都先后多次参观考察过潍坊。美国，俄罗斯、日本、韩国、新加坡等50多个国家的外宾也都慕名来过潍坊。

4. 抗震救灾，书写人间大爱

2008年5月12日，汶川大地震发生，北川羌族自治县15645人遇难，4311人失踪，26916人受伤，北川县城，两万多人生还者只有八千余人，所剩三口之家已不足十分之一。山坳中的县城大部分被山体垮塌掩埋，未被掩埋的部分也已是废墟一片。

一方有难八方支援，潍坊市委市政府带领潍坊人民毅然承担起援建北川的重任。全市缴纳抗震救灾特殊党费8100多万元，位列山东省第一。面对异常艰苦的工作条件和余震、滑坡、泥石流等危险随时降临的恶劣环境，潍坊援建队伍不惧危难，顶酷暑，冒炎热，历潮湿，顽强拼搏，通宵达旦工作，克服常人难以想象的困难，建成了

3369套过渡性安置板房，创造了山东援建四川地震灾区的多个第一：第一支展开施工的队伍、第一个板材专列运达、第一个把指挥部设在最前线、建起第一间板房、建起第一个板房小区交付使用等等。在北川新县城建设中援建和承建了安昌河综合整治、县人民医院、西羌北桥、安居房一期及二期、西羌北街等10个项目，总投资近10亿元。2009年底全部完成了桂溪乡、贯岭乡16个援建项目，完成了两乡419农房重建与加固，帮助两个乡镇进行了羌族风貌改造，2010年7月6日，向两个乡镇进行了援建项目资产移交。

潍坊市在全省承担的任务最重、项目最多、投资额最大，质量好、速度快，在全省组织的新县城建设历次点评中名列第一，成为全省的标杆和榜样。

潍坊为北川产业园区引进成立的北川维斯特农业发展有限公司、农业高科技园有限公司、农产品市场有限公司等3家企业，总投资近3亿元，成为带动和引导西部农业发展的龙头。

潍坊为援川工作作出了突出贡献，先后得到了胡锦涛同志、习近平同志的高度评价。

潍坊地区的红色文化从诞生到现在，90多年时间，显示出蓬勃的生机和活力。红色文化的兴起与发展，是潍坊人民革命斗争与建设发展的结果，始终代表着潍坊地区先进文化的前进方向。

拓展阅读

北川将铭记这个名字

2008年5月，震惊世界的汶川大地震发生后，党中央、国务院迅速作出灾后恢复重建对口支援的决策，决定一省市帮一个重灾县。山东省主动请缨对口援建北川。时任潍坊市建设局党委书记、局长的崔学选，年过五旬，上有老下有小，自己身体也不是太好，完全可以不选择到危险重重、条件艰苦的灾区。但他义无反顾地做出了选择，作为首批援建成员赴灾区一线指挥临时板房建设。作为潍坊市抗震救灾援川建设前线指挥，崔学选宣布的第一条规定就是："板房建成后，必须首先让受灾群众住，援川建设人员要坚持住帐篷！"2006年春节，崔学选没有在家吃年夜饭，而是在工地上与农民工一起吃饺子，大年初一一早就上了工地检查工程质量。从2005年到2008年，每年除夕夜，崔学选都到工地上跟那些坚守岗位的农民工一起吃年夜饭。在艰苦的援建工作中，崔学选同志还照顾救助受灾孤儿，2008年"六一"儿童节期间，他专门购买学习用品送到桂溪乡孩子们手中。他还救助了在地震中失去父母的六个孤儿，并亲自安排这些孩子看病、上学、生活，受到了孩子们和受灾群众的爱戴。

2008年7月份，在圆满完成临时安置任务以后，应该撤离灾区的崔学选又选择留了下来，并担任前线指挥部新县城组组长，挑起了更重的担子。8月8日，崔学选因腹痛难忍住进了绵阳市中心医院，症状缓解后，他不顾医生劝阻坚持出院，继续到一线工作。9月6日，崔学选再一次被剧烈的腹痛击倒，住院后被确诊为乙状结肠癌晚期并进行了两次手术。2009年7月13日，崔学选因罹患癌症医治无效，在潍坊市人民医院去世。他以壮烈、无私的奉献，谱写了灾难面前中国人感天动地的英雄壮歌！

(三) 中国特色社会主义新时代的潍坊红色文化

总书记点赞的山东潍坊"三个模式"

2018年，习近平总书记对山东作出打造乡村振兴齐鲁样板的重要指示，并在当年全国"两会"期间到山东代表团参加审议和视察山东时，两次对"诸城模式""潍坊模式""寿光模式"给予肯定。

"诸城模式"是商品经济大合唱、贸工农一体化、农业产业化和农村社区化等具体实践，主要解决农业生产、加工、流通脱节的问题。

"潍坊模式"是潍坊各地农业农村改革创新经验的集成，突出农业产业化经营，创新农业生产的组织形式、经营方式和运行机制，着力解决农户分散经营与大市场之间的矛盾。

"寿光模式"则是蔬菜产业的生产、销售、技术、会展和标准输出等创新经验，解决蔬菜生产产业化的问题。

"三个模式"创新农业产业化内涵和形态，实现产业化发展由量变到质变的突破；尊重群众和基层的首创精神，实现顶层设计与基层执行的良性互动；注重体制机制创新，实现有效市场与有为政府的有机结合；践行包容性增长理念，努力实现全面共同富裕；促进三个融合发展，实现乡村全面振兴。

思考与讨论

一、学习本章内容前后，你对红色文化的理解有无差异？若无，谈谈你对红色文化的理解；若有，请比较说明。

二、拓展阅读《中国精神》之外，"中国精神"还有哪些？

三、你印象深刻的潍坊红色文化有哪些？

四、向大家推介一部你喜欢的红色影视剧。

知识测验

一、单项选择题

1. "文化"一词源自（　　）。
A. 《论语》　　　　　　　　B. 《礼记》
C. 《周易》　　　　　　　　D. 《尚书》

2. "文王既没，文不在兹乎"出自（　　）。

A.《孟子》 B.《中庸》
C.《论语》 D.《大学》

3. "质胜文则野，文胜质则史"中"文"的意思是（　　）。
A. 指各色交错的纹理 B. 德行
C. 文物典籍、礼乐制度 D. 修养

4. 以下关于文化的表述错误的是（　　）。
A. 文化是游离于物质之外的各种理念
B. 文化是能够被传承和传播的国家或民族的思维方式、价值观念、生活方式、行为规范、艺术文化、科学技术等
C. 文化是对客观世界感性上的知识与经验的升华
D. 文化是一种社会现象，它是由人类长期创造形成的产物，同时又是一种历史现象，是人类社会与历史的积淀物

5. 文化的核心结构层次是（　　）。
A. 行为文化层 B. 心态文化层
C. 制度文化层 D. 物态文化层

6. 王成是下列哪部电影中的人物（　　）。
A.《红色娘子军》 B.《江姐》
C.《闪闪的红星》 D.《英雄儿女》

7. 下列作品故事发生在抗战时期的是（　　）。
A.《红灯记》 B.《智取威虎山》
C.《海港》 D.《奇袭白虎团》

8. 阿庆嫂是下列哪部作品中的人物（　　）。
A.《红色娘子军》 B.《白毛女》
C.《沙家浜》 D.《杜鹃山》

9. 被誉为"中国画都"的城市是（　　）。
A. 济南 B. 杭州
C. 青岛 D. 潍坊

10. 山东第一个中国共产党农村党支部诞生地是（　　）。
A. 济南 B. 青岛
C. 烟台 D. 潍坊

11. 山东首个中国共产党县级组织的成立地点是（　　）。
A. 枣庄 B. 聊城
C. 淄博 D. 潍坊

12. 下列城市中最先被人民解放军攻克的是（　　）。
A. 潍县 B. 济南

C. 青岛　　　　　　　　　　D. 德州

二、多项选择题

1. 下列选项属于出自潍坊的历史名人有（　　）。

A. 虞舜　　　　　　　　　　B. 晏婴

C. 郑玄　　　　　　　　　　D. 贾思勰

2. 中国木刻版画三大产地是（　　）。

A. 苏州桃花坞　　　　　　　B. 天津杨柳青

C. 潍坊杨家埠　　　　　　　D. 南京乌衣巷

三、判断对错题

1. 文化的整合功能有助于群体成员有效沟通、消除隔阂、促成合作。（　　）

2. 文化的导向功能是通过共享文化来实现的。（　　）

3. 文明主要是指文化成果中的精华部分。（　　）

4. 文明存在于人类生存的始终。（　　）

5. 文明是动态的、渐进的、不间断的发展过程，文化则是相对稳定的、静态的、跳跃式发展过程。（　　）

6. 文化是中性概念，文明是褒义概念。（　　）

7. 狭义的红色文化是指中国共产党领导人民进行的建立新中国进程中形成发展的，以社会主义和共产主义为指向的，把马克思列宁主义与中国实际相结合，兼收并蓄古今中外的优秀文化成果而形成的文明总和。（　　）

8. 1924年9月，潍坊地区建立了第一个共产党组织——中共寿（光）广（饶）支部，这是山东省境内最早的中共农村支部。（　　）

9. 潍坊大地上五四运动的烈火首先点燃在高密。（　　）

10. 解放战争中，为解放济南和青岛创造了条件的著名城市攻坚战是孟良崮战役。（　　）

参考答案：

一、单项选择题

1. C　　2. C　　3. D　　4. A　文化是凝结在物质之中又游离于物质之外的

5. B　　6. D　　7. A　　8. C　　9. D　　10. D　　11. D　　12. A

二、多项选择题

1. ABCD　　2. ABC

三、判断对错题

1. 正确　　2. 正确　　3. 正确

4. 错误　文化存在于人类生存的始终，人类在文明社会之前便已产生原始文化，文明则是人类文化发展的一定阶段。

5. 错误　文化是动态的、渐进的、不间断的发展过程，文明则是相对稳定的、静态的、跳跃式发展过程。

6. 正确

7. 错误　狭义的红色文化是指中国共产党领导人民进行的革命和建设进程中形成发展的，以社会主义和共产主义为指向的，把马克思列宁主义与中国实际相结合，兼收并蓄古今中外的优秀文化成果而形成的文明总和。

8. 正确

9. 错误　潍坊大地上五四运动的烈火首先点燃在青州。

10. 错误　解放战争中，为解放济南和青岛创造了条件的著名城市攻坚战是潍县战役。

第二章

潍坊红色文化之历史丰碑

第一节　五四火炬传火种

1919年5月4日，以北京青年学生游行示威为起点，以"誓死力争，还我青岛""收回山东权利""拒绝在巴黎和约上签字""废除二十一条""抵制日货"等为口号的伟大的反帝反封建运动爆发了。

五四运动爆发的直接原因是山东主权问题，巴黎和会上中国外交的失败，是引发这次运动的导火线。第一次世界大战以前，中国已经遭受了帝国主义近八十年的掠夺与欺凌。大战后，中国以战胜国的资格，参加1919年1月的"巴黎和会"。中国代表团迫于人民的压力，在"和会"上提出了收回德国在山东掠夺的各项特权的正义要求。但是，这个正义要求却被把持会议的英、美、法、日、意五国拒绝了，会议蛮横地决定，把德国在山东的特权转让给日本。而北京的北洋军阀政府竟准备在"和约"上签字。消息传来，全国上下，群情激愤，迅速掀起了一场反帝爱国运动。

潍坊各县市，地处胶济铁路沿线，长期被德、日帝国主义分子所掠夺与欺凌，饱尝了丧失主权的屈辱与痛苦，对山东主权的得失更为关切。北京的爱国师生掀起反帝爱国运动后，潍坊的爱国师生立即响应。

五四运动时期，潍坊各县的学校数量数青州最多。当时中等学校有：省立第十中学、省立第四师范、省立甲种蚕业学校、守善中学和师范讲习所。高等小学有：县立东关高小、公立模范高小、仓敖女子学校、乙种蚕业学校等多处。继5月23日，济南学生罢课上街游行之后，5月24日，以十中和四师的师生为先导，五千余名中小学校的师生，列队走出学校，涌上街头，各校队伍前打着校旗，师生们人人手持小红旗，高喊着"打倒倭寇""打倒卖国贼""打倒曹汝霖、章宗祥、陆宗舆""收复青岛胶济铁路""还我河山""邢珩复生""国家兴亡，匹夫有责"等口号，敲着铜鼓吹着军号，秩序井然，游行示威。从四面八方而来的学生，在青州城里中心大街上汇成十多里长的人流。中午十二点，游行学生集结到青州北关西郊的法庆寺，召开了声讨大会。

法庆寺，院落宏阔，古柏参天。除学生外，还有青州商界及周围的农民，也赶来参加了大会，到会者不下万人。学、商两界代表及社会名流，纷纷登台演讲，历数卖国贼的罪行，分析山东危险处境。省立十中学生杨同照，演说到痛处，咬破右手中指，在一块白绫上写下了"赤心报国，身死志存"八个血红大字，全体到会群众簌然泪下。大会群情激昂，怒气冲天。最后决定通电全国，声援北京学生的爱国运动。

会后，青州城里首先展开了抵制日货运动，由各界公推的24名调查员，挨家商号检查日货。调查员责令：现有日货卖完，以后不准再进。结果，只有"怡翰斋"洋行，表面上到商会进行了登记，下了不再购置日货的保证，但是，暗自又从青岛买进一批日纱。当调查员查到这批日货时，质问老板，老板竟蛮横无理地说："不购日货，无啥可卖。"学生得知此讯后，集合了近千人的队伍前来责问，老板仍不认错，愤怒的学生将其洋行中所存日货全部毁坏。

"五·二四"集会以后，以青州省立十中和四师为主成立了学生联合会。为扩大抵制日货运动，学生联合会又组织了13个宣传队，分别到邹平、长山、桓台、临淄、博山、潍县、博兴、寿光、广饶、临朐、昌乐、昌邑、安丘13个县，进行反日宣传并揭露卖国贼的嘴脸，仍然号召抵制日货。在各县学生协助下，学生联合会到处进行检查，在邹平、桓台两县把查到的日货当场没收。

当时日本帝国主义还在青州火车站派有驻军，学生联合会派人在车站周围站岗，不许商贩将食品、蔬菜运进车站销售。7月的一天，有8个日本兵到省立十中逮捕学生，在十中校门口将学生马怀忠捆绑，带到火车站关押起来，这件事激起了学生们的愤怒，各校学生整队到县衙静坐请愿，要求县知事与日交涉，释放被捕学生。青州城里市民和城郊农民也赶到县衙支援学生请愿，并自动给学生送水送饭。晚上，终于迫使日本侵略者释放了被捕学生。在济南和青州反日爱国浪潮的影响下，六月中旬，安丘县的学生和商人也纷纷罢课、罢市，300多人进行了游行示威和集会。学生代表在大会上讲话，发出"宁为玉碎，不为瓦全"的豪言壮语。此后，反日浪潮迅速在全县展开。潍县、坊子各校学生也举行了游行示威，并进行了抵制日货的斗争，还成立了"国货维持会"，斗争十分坚决。

6月初诸城县（市），各校学生在济南一师和一中放假回家的学生王尽美、臧亦蘧的领导下，成立了以学生为主的五四运动各界后援会，积极进行爱国反帝宣传和抵制日货运动。

高密、昌邑等县学生和各界人士也纷纷展开了抵制日货的爱国活动。

总之，五四运动时期，潍坊人民的反帝爱国运动，促使潍坊的政治、经济、文化各界发生了深刻变化。五四运动之后，社会主义和民主主义的进步思潮，逐步形成不可阻挡的历史潮流，马克思主义也开始在潍坊传播开来。

知识链接

有关五四运动时期的文艺作品

电影

《我的1919》《建党伟业》《开天辟地》《伤逝》等。

纪录片

《五四运动》

歌曲

《五四纪念爱国歌》《光荣啊，中国共青团》《教我如何不想他》《五一纪念歌》《安源路矿工人俱乐部部歌》《工农联盟歌》《劳工记》(又名《罢工歌》)《奋斗》《京汉罢工歌》《赶走赵恒惕》《工人歌》《最后胜利定是我们的》《工农兵得胜利歌》等。

电视剧

《中国1921》《开天辟地》等。

第二节 星星之火引航向

1921年7月，中国共产党第一次全国代表大会在上海举行，王尽美出席了会议。1922年，出席"二大"的山东代表王尽美回到济南后，在党中央指导下，建立了中共山东区支部，并多次到潍坊地区传播马克思主义，建立党组织，发展党员。到1926年秋，潍坊地区先后建立了庄龙甲任书记的中共潍县地方执行委员会，张玉山任书记的中共寿光县地方执行委员会，宋伯行任书记的中共益都县地方执行委员会，傅书堂任书记的中共高密县地方执行委员会。潍坊地方党组织的建立，是潍坊开天辟地的大事。从此，潍坊地区革命的面貌便焕然一新了。

一、建立山东农村最早的党支部

张玉山，字振儒，1898年出生在山东寿光张家庄村的一个比较富裕的农民家庭。由于家里经营着中药铺，家庭比较富裕，使他有条件得以接受教育。张玉山8岁在本村读私塾，15岁考入寿光凤台高小，后转入寿光县立高等学堂。1916年，张玉山考入山东省第一师范学校，在校期间就积极参加各种进步活动。

1919年，五四运动爆发后，他怀着满腔的爱国热忱，走上街头，散发传单，控诉、揭露日本帝国主义的强盗行径，怒斥反动北洋军阀政府的卖国罪行，这也更加坚定了他追求真理、解救祖国的信念。同时，他与王尽美、延伯真等同学一同经历斗争洗礼，结下了深厚的革命友谊，开始在救国救民的道路上砥砺前行。1921年，他与延伯真等9名进步学生在学校成立了进步团体——青年互助社，与王尽美、邓恩铭发起成立的励新学会相呼应，积极倡导新文化，宣传新思想，逐步成长为新思想和新文化的传播者。1922年春，他因病辍学，离校时告诉同学延伯真：若有新组革命团体，务必及时告知。1923年，张玉山与寿光进步青年王云生一起学习了《共产国际》等书籍，进一步加深了对共产主义的认识理解，决心投身革命。

1924年，张玉山接到延伯真从青岛的来信，信中说：现有一进步青年组织，为社会主义青年团，是共产党的候补学校，征询是否参加。张玉山在与王云生商定后即赴青岛。同年4月，经邓恩铭、延伯真介绍，他和王云生加入了社会主义青年团。8

月，在张玉山、王云生转为中共正式党员后，他们与广饶县的延安吉组成党小组，张玉山任组长。9月，经中共济南地方执行委员会批准，中共寿（光）广（饶）党支部（时称支部干事会）成立，张玉山任支部书记。寿广支部是潍坊地区第一个党支部，也是山东省农村最早的党支部之一。

1924年4月，邓恩铭来到寿光，指示张玉山积极联络同志，努力发展组织，壮大革命力量。寿广支部建立后，张玉山非常重视党团组织的壮大发展。此后不久，张玉山和王云生介绍褚方珍、王化一、张良儒等12人加入社会主义青年团。同年8月，张玉山与王云生一块转党后，又先后介绍李铁梅、褚方珍、王化一、张用之、马保三等加入中国共产党。为了在寿、广两县广泛传播马列主义，张玉山经常带病奔波于两县之间，发动群众，联络同志。他还特地从北京、上海订购《向导》《新青年》等革命刊物，偏僻的农村敞开了与外界联系的大门，为引导进步青年走上革命道路奠定了思想基础。

张玉山认为办好革命学校是教育群众和青年一代的最好方法。他注重办平民夜校、女子夜校，吸收一些受压迫、受剥削的贫苦群众入学。为使更多的贫雇农子弟得到求学机会，他不顾村里反对，把张家庄家庙里的几棵大松树卖掉，来解决学校的桌椅及经费问题。在教学中，他经常用一些现实生活中的事例，启发学生的阶级觉悟，剖析社会上人剥削人的不平等现象，深受广大农民群众欢迎，周围村庄的很多学生纷纷慕名而来。1924年冬，在张玉山的组织倡导下，寿光北半部的南台头、崔家庄、牛头镇等十几个村庄，先后办起夜校和平民学校。

1925年2月，经中共山东地方执行委员会批准，寿光、广饶两县分别建立党支部。不久，张玉山不计任何报酬受聘到双凤小学（由李植庭先生创办，是寿光党组织的早期活动中心），做了大量革命工作，双凤小学的政治面貌发生了很大变化，先后发展了李文、李灼亭、张文通、李文轩、郝群峰等一批党团员，建立了中共双凤小学党支部、共青团支部，使这个学校完全成为党组织控制的一所学校，并逐步发展成为当时寿光党团组织的活动中心。同年底，随着双凤小学一批学生毕业离校，党团组织向寿光北部各村发展，并由弥河西岸扩展到弥河以东地区，推动了寿光党团组织的发展壮大。至1926年7月，全县建立了张家庄、牛头镇等20多个党的支部或分支部，党团员发展到300多人。同年8月，中共寿光支部在省地执委的领导和直接帮助下，在张家庄村正式建立了中共寿光县地方执行委员会（后改称中共寿光县委），张玉山任寿光县地执委书记。

张玉山在寿光党组织早期活动中，培养了大批革命人才，这一带受过革命教育的青年，在抗日战争爆发后都纷纷参加了牛头镇起义，成为抗日战场上的骨干力量。

二、建立山东第一个县级党组织——中共潍县地方执行委员会

1921年秋，山东潍县的庄龙甲考入山东省立第一师范学校，结识了王尽美、邓

恩铭等中共早期创始人。1923年春，经王尽美介绍，庄龙甲加入中国共产党。

1925年1月，庄龙甲接受中共山东地方执行委员会指示回潍县开展革命工作。他秘密发展党员，一个月后，在庄家村建立了中共潍县支部，庄龙甲担任支部书记。中共潍县支部直属中共山东地方执行委员会领导，是山东第一个县级党组织。

中共潍县支部建立后，支部成员深入到车站、学校、医院宣传马克思主义和革命道理，培养积极分子。庄龙甲在文华、文美中学建立了"马列主义读书会"，组织发动了文美中学的反帝爱国罢课斗争。8月，发展学生党团员20多名，建立了文华中学团支部。在胶济铁路潍县站、坊子站的工人中间发展了部分党员，建立了坊子铁路机务段党支部。

随着全国大革命形势的发展，中共潍县支部广泛进行反帝反封建的宣传教育，发展农民协会会员。1925年3月，在南屯村建立了农民协会，成为潍坊地区乃至山东省建立最早的农民协会。在潍南、潍北广大农村，一批农民协会和农民夜校也相继建立起来。

到1926年6月，潍县党员发展到120名、团员200多名。根据中共山东地方执行委员会的指示，中共潍县支部在茂子庄村王全斌家的场院屋里秘密召开潍县第一次党代表大会，到会代表20余人。会议选举产生了中共潍县地方执行委员会，选举庄龙甲为书记，牟洪礼、张同俊、亹梅村为执行委员，王全斌为候补执行委员。

中共潍县地方执行委员会的诞生，使潍县的革命活动有了较强的领导核心，这是潍坊党组织发展史上的一个里程碑。从此之后，昌乐、昌邑、昌南等地党组织在其领导下，得到了较快发展。

三、创建潍坊首支革命队伍——潍县赤卫队

1927年，四一二反革命政变后，国民党当局大肆捕杀共产党员和革命群众。7月，潍县的国民党右派分子打起了反共旗帜。10月10日至11日，中共山东省委召开扩大会议，传达八七会议精神，发出了"发动土地革命，组织农民武装暴动"的指示。

1927年冬，根据省委批准，中共潍县地方执行委员会改称中共潍县县委。随后，县委做出了"建立革命武装，与反动派进行针锋相对斗争"的决议。庄龙甲、王全斌、牟洪礼通过各种渠道筹集枪支，于1928年1月成立由王永庆、王兆恭、成希荣等人组成的特工组。特工组建立后主动出击，多次夺取反革命武装分子的枪支、弹药。

1928年春，潍县县委将特工组扩建为潍县赤卫队，王永庆、王兆恭分别担任正副队长，后来队伍发展到300多人，拥有长短枪支100多支。这支队伍在中共潍县县委领导下，开展了一系列革命武装斗争，沉重打击了潍县地方反动派的嚣张气焰，为党领导的地方武装斗争积累了宝贵经验。

拓展阅读

潍坊地区早期农民暴动

一、大柳树农民武装暴动

1928年7月，中共潍县县委发动领导了大柳树农民武装暴动。麦收期间，县委以"红枪会"的名义在望留大柳树村组织了一支农民武装。同时，派人到附近驻潍军阀部队中作兵运工作，争取了驻军营长王松龄，商定届时他率部起义，参加武装暴动。县委还对暴动的组织机构、时间、地点以及失利时队伍的去向等问题作了详细研究，制定了暴动行动方案。由于党内部分同志的急躁冒进情绪，7月20日，中共潍县西南区委书记王治经未接县委指示，集结了百余人提前仓促起义。起义队伍遭到地主武装二区保卫团和国民党第七旅李朝英部的联合袭击，前来配合暴动的王松龄部被包围缴械，48人被捕，14人被杀，暴动惨遭失败，造成重大损失。

二、潍河暴动

八七会议后，山东省委将《八七会议决议案》《山东省委通告》等文件发到高密。高密县委立即传达讨论并贯彻执行，开始领导农民暴动，组建革命武装。高密县委在西南乡曹家郭庄、高密城郊及东北乡、南乡的村庄建立贫民会，发展贫民会员500余人。

1928年7、8月份，山东省委两次指示高密、诸城等县联合行动，抓紧组织农民暴动。根据省委要求，9月，中共高密县委和诸城特支领导潍河两岸农民举行了秋收暴动。农民用土枪、土炮、大刀、长矛武装自己，提出了"成立游击队""建立苏维埃"等口号，开展抗粮、抗捐、抗税、抢秋的斗争。10月4日，200多名贫民会员手持武器，包围了曹家郭庄，他们喊着"打倒土豪劣绅"的口号冲进村里。烧了村里一个土豪的房子、场院，并搜出了5支手枪。随后，以暴动指挥部的名义成立了曹家郭庄"苏维埃"政权，处决了村里民愤极大的曹家郭庄庄长和范家庄地主，打伤北营村联庄会会长。贫苦农民分到了土豪劣绅的粮食、财物。县委以贫民会的名义，向各界发布了"告贫苦农民书""告中、小地主书"等布告，一时威震四方。但不久，这次暴动遭到了当地地主武装的残酷镇压，他们调动地主联庄会，抓走了30多个贫民会员。共产党员刘士秀、贫民会会员张学梯、杨德清等被杀，省委干部以及高密、诸城的领导干部被迫转移，进行了1个多月的潍河暴动失败。但这次暴动打击了当地的封建势力，为党组织建立武装积累了经验，扩大了党的影响。

三、饮马暴动

1927年八七会议以后，昌邑党组织在于培绪的领导下开展农运工作，筹建农民武装，准备举行农民暴动。12月下旬，王兴选和黄复兴、黄世伍分别在新河头村、饮马镇筹备成立贫民会。

1928年6月，于培绪从济南回到昌邑，与峠山支部一起迅速扩大贫民会组织，打击土豪劣绅。

8月21日，饮马贫民会成立，会员500余人，附近村庄贫民也纷纷赶来入会。高密、平度、安丘等与昌邑相邻的村派代表来饮马，要求于培绪等去帮助成立贫民会。

于培绪与峡山支部决定，在农民运动的骨干中发展党员。10月，饮马的于钦绪、于钦敬、于敦茂入党，随后成立了中共饮马支部，黄世伍任书记。该支部具体领导以饮马为中心的农民运动，并通过峡山支部与省委保持联系。黄复兴挑选200余名青壮年组成饮马红枪会，联络周围杨家楼、丈岭及平度的白里、泊子等42个村庄的红枪会成立联庄会，会员2000余名。

10月10日，饮马贫民会、红枪会200余名会员袭击了本镇恶霸地主的小衙门——天宝堂，斗恶霸地主，烧了高利贷账。12日，30余名会员又收缴了恶霸地主的武器弹药，缴获部分枪支和上千发子弹。16日，饮马支部组织红枪会200余名会员围歼军阀残余高化青部，缴获小炮两门，步枪50余支，战马7匹，大车3辆。农民武装斗争势如破竹，取得了节节胜利。

饮马武装暴动遭到了国民党反动当局的镇压，由于经验不足暴动最后失败了。于培绪、黄复兴等壮烈牺牲。随后，峡山、饮马两支部被破坏，昌邑党的活动暂时中断。

四、益都暴动

1932年春，中共山东省委决定在益都组织农民暴动，派军委书记张鸿礼来益都，成立了行动委员会。6月，县委决定在群众基础好的一区、十区同时举行暴动，攻取国民党民团武装，占领区公所，开展游击战争，建立苏维埃政权。郑云岫（郑心亭）任暴动总指挥，十区由冀虎臣任暴动指挥。8月14日，县委会议决定18日举行暴动，郑母区委书记冀虎臣参加了会议。会后，暴动总指挥郑心亭到郑母镇完全小学，同冀虎臣召集区委负责人程心田、陈佃治和郑母村党支部书记常德俊开会，研究和检查暴动准备工作。17日夜，冀虎臣在郑母义隆福药铺召开会议，向各村党支部传达暴动计划，具体布置攻占区公所的行动方案，并决定陈佃治等不参加起义，以防不测，便于善后。

8月18日，益都县长杨九五接到十区共产党暴动的消息，立即下令派兵加强城区守卫，抓捕嫌疑。19日，杨九五率领队伍到郑母一带"清剿"。冀虎臣、程心田的父亲都受惊吓而死，赵焕礼的父亲被抓去死在狱中。吉林村一教书先生姓冀名龙光字虎臣，被敌人错当冀虎臣抓去交差。在这次血腥镇压和"清剿"中，被捕起义群众、家属及无辜受株连者近30人。

8月29日晚，国民党用装甲车将郑云岫、崇学闵等27人押送济南。31日早7时，崇学闵、耿贞元、冀龙光、赵香山、赵其升、赵廷楷、黄桐福、郭金江、陈云升、赵敬德、赵董妮、扈哑巴、何小心、崇兴福等14人被国民党枪杀于济南纬八路南头侯家大院刑场。郑云岫、张其昌、魏天民、潘有年、孙道中、何汝川、牛玉昌、张基庭、黄卷书、邵焕章、李芳春、冀冠军、王湘滨等13人被敌军法处判刑。不久，原中共益都县委书记段亦民被叛徒崔广心出卖,在淄川南仇小学被捕,亦被押送济南敌军法处。1933年8月18日,郑云岫、段亦民等9人,在济南洛口被国民党政府杀害。

暴动失败后,益都县党组织遭到严重破坏。

暴动失败后,国民党反动当局继续加紧对革命力量的镇压,在潍坊各地建立了捕共小分队,疯狂捕杀共产党人和革命群众。1932年下半年到1933年上半年,在不到一年时间里,中共益都县委、寿光县委、昌乐特支、诸城特支、安丘特支、昌邑特支、益北特支先后遭到破坏,潍坊地区党组织遭受重大损失。

1933年7月,因中共山东临时省委组织部长宋鸣时叛变,山东临时省委和各地党组织遭到毁灭性破坏,全省300多名共产党员、共青团员和革命群众被捕。7月13日,叛徒宋鸣时亲自带领捕共队到坊子抓捕了中共潍县中心县委书记刘良才,同日在潍县城将其杀害。随后他们在潍县、寿光、益都等地展开大搜捕,将鲁东地区仅存的潍县和寿光两个县委彻底破坏。只有个别支部得以幸存,逃脱了搜捕的共产党员被迫转移到外地。潍坊地区所剩党员不足30人,整个潍坊地区乃至全省已经没有了统一的共产党领导机关,革命到了最低潮。从1933年秋至1935年冬,山东党的领导机构一直没有恢复,幸存的党员和党组织都处在孤立状态,彼此联系不上,活动十分困难。

拓展阅读

党组织领导大家抱团斗争

1929年2月,中华全国总工会第二次扩大会议通过的《矿工运动决议案》指出,"矿工工人与铁路、海员同为中国最重要的产业工人";全国矿工的重要区域,如开滦、抚顺、淄博、潍县等煤矿,"均属矿工工作应注意之点"。同年6月,中共六届二中全会通过的《职工运动决议案》指出,铁路、海员、矿工、五金等重要的产业工人,"是职工运动的中心工作",要"建立职工运动中心群众的基础""加强领导和扩大群众的经济的、政治的斗争,强大工人斗争的战斗力"。之后,共产党领导下的煤矿工人运动蓬勃开展。

共产党员深入煤矿建立工运组织

"潍县是胶济铁路中心大站,是烟潍路之终点,坊子有大批矿工和铁路工人""潍县党的主要任务应以组织罢工为中心,以矿工和铁路工人为主要工作对象"。

1930年10月6日,中共山东省委向潍县中心县委发出指示信。信中要求潍县中心县委,"应迅速指派同志到坊子煤矿和铁路筹备组织工会,建立群众组织和党的组织"。

两个月后,潍县中心县委改为青莱特委(又称潍县特委);1931年3月,青莱特委撤销,恢复潍县中心县委,辖寿光、广饶、益都、潍县、高密、临淄六县党组织,原广饶县委书记刘良才任潍县中心县委书记。

刘良才　　　　　　　陈铭新

据当事人陈铭新回忆，坊子煤矿的工人运动，是在刘良才的领导下开展起来的。

刘良才上任潍县中心县委书记，肩负两大重担：一是扩大组织，二是组织暴动。省委同时决定，派陈铭新等到潍县工作。陈铭新是当时益都县朱路村人，曾用名陈贵兰、陈金声、陈复生、胡子建，1927年入党，时年22岁。

这年夏天，陈铭新与同村党员刘兴功赶赴潍县，向潍县中心县委组织部长牟铭勋报到。牟铭勋将两人送到坊子，与卖青菜做掩护的联络员王青梅接上关系。

几天后，县委书记刘良才向陈铭新布置了具体任务：到坊子煤矿发动工人运动。经介绍，陈铭新到坊子煤矿当了矿工。

经过几天的观察，陈铭新发现，不仅把头对新来工人尤其是外地人看管极严，而且工人对不熟悉的外地人也"欺生"，工作难以开展。

为取得工友的信任，陈铭新累活、危险活抢着干，有时还把多背的煤记在工友账上。工友们见陈铭新手脚勤快、能吃苦，渐渐与他近乎了。连把头也觉得他能干，也对他放松了监视。有两次井下发生险情，为救护工友，陈铭新差点被埋死在塌方中。工友们认为这个外来的小伙子讲义气、够朋友，要与他结拜为干兄弟。

经党组织批准，陈铭新以拜干兄弟的方式团结了一批骨干，通过他们又带动了一些工人，成立了"替息团"。表面上，"替息团"是一个协调安排工人交替工作、交替休息，照顾年老体弱工友、挣钱大家合理分配的互助团体，实质上，它成为共产党领导的群众组织。

1933年夏，由于山东省委遭到破坏，潍坊各地党组织与上级失去联系。潍县中心县委委员牟铭勋，历经艰险，沿途乞讨，去上海寻找党中央。1934年1月，他找到了上海中央局，向中央汇报了潍坊党组织情况，带着中央指示回到潍坊，并与各县党组织取得联系，建立了鲁东工作委员会，继续开展革命斗争。卢沟桥事变后，在党中央领导下，潍坊的党组织带领人民群众又投入到了抗日战争的洪流中去。

> 拓展阅读

牟铭勋三次找党

牟铭勋，1905年出生于潍县（今寒亭区高里镇）牟家院村一个普通的农民家庭。1923年，他考取了济南工业染织学校。在校期间，他靠拢进步师生，学习进步书刊，明白了很多革命道理，思想觉悟有了很大的提高。1926年1月，牟铭勋毕业回到家乡。6月，牟家院小庄子支部成立，牟铭勋经常参与开展革命活动，1927年3月，加入了中国共产党，自此全心全意地投入了党和人民的革命事业。

四一二反革命政变以后，山东各地党组织根据中共中央八七会议精神和省委指示，在各地组织暴动。暴动失败后，国民党反动当局继续加紧对革命力量的镇压，在潍坊各地建立了捕共小分队，疯狂捕杀共产党人和革命群众。

在艰难之中，信念坚定的共产党员牟铭勋，为了尽快与上级党组织取得联系，依据过去工作中听说党中央在上海等线索，怀着对党的无比忠诚远赴上海寻找党中央。他冒着随时被捕杀的危险，自筹经费，历尽千辛万苦，终于在1933年12月，与中共上海中央执行局取得了联系，汇报了他所了解的山东党组织和潍县中心县委的工作及遭受破坏的情况，并听取了中央对恢复潍县党组织的指示。1934年1月16日，牟铭勋乘船从上海返回潍县，冒着被抓捕的危险，到安丘、青州、广饶、寿光和潍县等地调查党组织被破坏的情况，寻找幸存的同志。因为很多共产党员和进步群众被捕，有些同志见到认识的共产党员吓得连话都不敢说，再加上国民党反动派在各地严密监视着进步群众，大家劝牟铭勋赶快离开，不敢收留他过夜，他连住的地方也没有。腊月二十三小年夜，他冒着大雪连夜赶到一个党员家里，召集周围的党员，结果冒险等了三四天，一个党员也没见上，工作开展非常艰难。

3月，他再次去上海向中央报告恢复和整顿各县党组织的工作情况，并于17日写下了"关于潍县党组织状况的报告"。4月18日，按照中央指示，牟铭勋再次返回潍县。不久，他遵照中央指示，主持建立了中共鲁东工作委员会，并担任书记。他带领鲁东工委研究制定了潍县中心区5、6月的工作大纲，大纲要求：（一）向工农群众及学生布置开展红色五月的宣传活动；（二）把工委的工作重心转移到坊子等地的重工业部门去；（三）抓紧恢复青州、寿光、昌乐、广饶等县的组织关系；（四）深入开展农民（包括手工业者和妇女）工作；（五）开办训练班培训党员；（六）积极开展两条路线的斗争。根据大纲要求，他积极到各地整顿、恢复党组织，以坊子为中心在工人中发展了4名党员和12名工会会员，并在5月20日领导200多名铁路工人在坊子开展了改善待遇的斗争，取得了胜利。牟铭勋根据各县不同的环境，通过办训练班对骨干进行分批轮训。经过两个多月的努力，先后在潍县重建4个支部。

当时，昌乐党组织被破坏后，昌乐的党员们转移到潍县城郊，在潍县中心县委的领导下继续坚持斗争。后来潍县中心县委也遭到破坏，为保存党的力量，他们转移到昌乐中西部山区,在国民党统治比较薄弱的山区坚持斗争。1934年,他们同牟铭勋取得联系,在鲁东工委领导下开展工作。

这时,国民党制造的白色恐怖仍然十分严重,党的活动始终处于艰难的环境中。7月3日,牟铭勋第三次去上海向中央汇报工作,写了"关于两个月工作情况的报告",向中央报告了党组织在潍县等地的发展和坚持斗争的情况,但不幸在旅馆被捕。由于证据不足,不久获释。他回到潍县后,又遭到国民党潍县捕共队追捕,难以在潍县继续开展工作,被迫转移到大连。鲁东工委自行解体。

知识链接

有关建党到抗战爆发前的文艺作品

电影

《大火种》《1921》《星星之火》《建军大业》《热血军旗》《南昌起义》《秋收起义》《百色起义》《刑场上的婚礼》《红色娘子军》《洪湖赤卫队》《闪闪的红星》《大渡河》《血战湘江》《井冈山》《古田军号》《长征》《党的女儿尹灵芝》等。

纪录片

《诞生地》《信仰之源》《起点·摇篮》《百岁女红军——王定国》《红之里》《国歌往事》《1925谁主沉浮——追寻中共四大的历程》等。

京剧

《杜鹃山》《红军故事》等。

歌曲

《十送红军》《抗敌歌》《松花江上》《救亡进行曲》《义勇军进行曲》《打回老家去》《五一劳动节》《田仔骂田公》《农会歌》《工农听说起》《"七五"莫忘歌》《为人民为革命》《个个妇女都改装》《列宁岩成立讲习所》《东兰有个韦拔群》《穷人翻身打阳伞》《十恨心》《土劣逃难》《困龙也有上天机》《当兵就要当红军》《映山红》《保卫根据地战斗曲》《剿匪歌》《红军歌》《反五次"围剿"歌》《少共国际师》《上前线去》《吃牛肉歌》《渡金沙江胜利歌》《战斗鼓动歌》《草地牛皮鞋》《七律·长征》《会师歌》《打南沟岔》《到陕北去》《三大纪律八项注意》《农友歌》《井冈山来了毛泽东》《毛委员和我们在一起》《送郎当红军》《炮火声来战号声》《苏区干部好作风》《双双草鞋送红军》《韭菜开花》《正月革命》《我随红军闹革命》《盼红军》《要当红军不怕杀》《念红军》《哥哥扛钢枪》《横山里下来些游击队》《劳苦工农庆翻身》《两条半枪闹革命》《共产儿童团歌》《日头出来一片红》《只想跟着共产党》《共产党员恩情永不忘》《有了红七军》《刘志丹》《天心顺》等。

电视剧

《寻路》《周恩来在上海》《江南锄奸》《长征》《井冈山》《雄关漫道》《十送红军》等。

第三节　武装抗日复河山

1937年7月7日，日本侵略者炮轰卢沟桥，发动了大规模的全面侵华战争，北平、天津很快沦陷，华北的大门被打开。接着日军沿津浦路南下，10月初侵入山东境内。国民党山东省政府主席兼第三路军总司令韩复榘率十万大军稍战即溃，不到半年时间，山东境内大中小城市多数被日寇占领，国民党政府土崩瓦解。

1937年10月，中共山东省委根据中共中央关于在敌后发动抗日武装起义和开展游击战争的指示，在济南召开会议，制定了分区发动武装起义的计划和山东抗日游击队十大纲领，并发出通知，号召共产党员到抗日游击队去，拿起武器，抗击日本帝国主义的侵略。同年冬，中共鲁东工委在寿光、昌邑、潍县发动了抗日武装起义。

1937年10月下旬，中共寿光县委在牛头镇召开扩大会议，具体研究了组建抗日武装的问题。12月29日，各地以党支部为核心组织的抗日武装集合于牛头镇，正式宣布成立"八路军鲁东游击队第八支队"，马保三任支队长，张文通任政委，韩明柱任副支队长，杨涤生任政治部主任。支队下设5个中队，另设1个特务中队和1个骑兵分队。1938年1月25日，八支队一部在寿光城西三里庄设伏，击毁日军运货汽车1辆，毙敌3名，缴获一批军用物资。2月中旬，八支队在副指挥韩明柱率领下，又在三合庄一带击溃伪华北自治联军一部，缴获步枪70余支。八支队在战斗中不断壮大，队伍迅速发到2000余人。

1938年1月27日，中共鲁东工委书记鹿省三等领导潍北人民举行武装起义，这支抗日队伍在蔡家栏子整训后，又到昌邑北部瓦城村与昌邑县委组建的两个中队会和，正式建立了"八路军鲁东游击队第七支队"，王培汉任支队长，鹿省三兼政委，王一之任政治部主任。七支队建成后，在群众配合下，对坊子至虾蟆屯之间20余公里铁路发动大破袭，袭击了虾蟆屯车站，使火车十多天不能运行。

拓展阅读

潍坊地区第一支抗日武装——八路军鲁东游击队第八支队

抗日战争爆发后，中共寿光县委在省委和鲁东工委的领导下，迅速行动，积极筹备，于1937年12月29日在寿光县牛头镇举行抗日武装起义，组建了八路军鲁东游

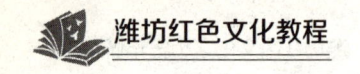

击队第八支队，奋战昌潍，东进胶东，西征邹长，南下鲁中，同日伪军及破坏抗战的反动势力进行了殊死的斗争，创立了光辉业绩。

积极筹备　酝酿起义

1937年7月中旬，中共山东省委召开会议，决定组织抗日游击队，发展抗日救国民众团体，实行全面抗战。潍坊地区党组织和广大民众积极响应中共中央和山东省委的号召，积极投入抗日救亡运动。8月，寿光县委指派张文通为代表参加全县抗日救亡的领导工作。张文通积极活动，与国民党代表杨士增等人在县立中学成立了"寿光县抗敌后援委员会"，并以后援会的名义创办了《大众报》，及时报道各地抗日救亡组织的活动情况，为发动全民抗战起到了积极推动作用。

8月中旬，共产党员马保三、侯荫南、郑子惠等以担任乡长的合法身份，在湖东乡、凤台乡、古坨乡等地开办了"抗日民众训练班"。中共崔家庄支部以"国术馆"、"同乐会"为基础举办了80多人参加的抗日青年训练班。通过举办训练班，为开展抗日工作培养了大批骨干，筹集到了一批闲散在民间的枪支、弹药、大刀、长矛等武器，为建立抗日武装打下了基础。

10月，省委在博山成立了中共鲁东工委，张文通当选为组织委员。会后，张文通在寿光北台头村向县委书记陈少卿传达了省委紧急会议精神和鲁东工委关于迅速发动群众举行武装起义的决定。11月上旬，寿光县委在牛头镇村马保三家中召开县委扩大会议，具体部署和安排如何发动武装起义。决定各地要以党组织为依托，以党员为骨干，大力发动爱国青年参加抗日，秘密组建抗日队伍，大力筹集武器装备，并将武装起义的活动中心和集结地点确定在群众基础较好的牛头镇。根据上级指示，将全县起义部队定名为"国民革命军第八路军鲁东游击队第八支队（简称八支队），各地起义军定为中队。会议推选马保三为起义总指挥。同时，会议对起义集结的时间、军旗、联络暗号等事宜商定出初步方案。

揭竿而起　迅速壮大

县委扩大会议后，寿光各地党组织立即开展了创建抗日武装的活动。在中部，以崔家庄党支部领导的"国术馆"、"同乐会"成员和牛头镇抗日民众训练班学员为骨干，组成八支队特务中队。王高一带，建立了八支队一中队。在西部，以南台头抗日救亡青年宣传队为骨干，建立八支队三中队。在北部和弥河一带，建立了八支队五中队。在南部，王文轩在后王村一带领导建立了八支队七中队。

各中队相继建立后，张文通在牛头镇召集党员骨干分子会议，宣告成立八支队军政委员会，由张文通任主席，马保三、王云生、李文、王培汉、王文轩为委员。军政委员会成立后，组建了一支30余人的基干队伍，作为军政委员会的机动部队。

12月29日，八支队正式在牛头镇举行武装起义。中午，牛头镇乡公所门前升起了国民革命军第八路军鲁东游击队第八支队的大旗。宣誓大会上，总指挥马保三宣读了《八支队成立宣言》，军政委员会主席张文通宣读了《告全国同胞书》，王云生等领导发表了慷慨激昂的讲话。随后，八支队进行编队，全支队共700人，编为一、三、五、七和特务队5个中队，并将正式成立人民抗日队伍的有关情况通知了国民党寿光县政府。

起义后不久，山东省委派红军干部韩明柱和鲁东工委宣传委员杨涤生到八支队分别担任支队副指挥和政治部主任，加强了八支队的军事、政治领导力量。根据韩明柱的提议，部队沿用红军的编制和政治工作制度，初步开展了军政训练。此后经过三里庄伏击战、三合庄强编伪军"韩营"一部，军威日渐远扬，不仅寿光境内的抗日力量向其靠拢，就是附近县的抗日武装也前往集结，力量迅速壮大。1938年3月，由于部队规模越来越大，于是在傅家庄进行了整编，支队设指挥部，马保三任指挥，张文通任政治委员，韩明柱任副指挥。指挥部下设政治部、参谋处、供给部，支队下辖3个大队及特务中队、骑兵队、文艺宣传队等，部队共计2000余人，长短枪1000余支。整编结束后，八支队根据上级指示准备东援七支队。

昌北会师　合编东进

八路军鲁东游击队第七支队主要是由潍北蔡家栏子起义部队和昌邑瓦城起义的部队组成。由于缺乏经验，武器装备较弱，七支队无法在昌潍打开局面，鲁东工委书记、七支队政委鹿省三决定调八支队援助七支队。

1938年3月24日，八支队2000多名指战员在鹿省三、马保三、张文通、韩明柱率领下从寿光出发，26日到达昌邑北部的马渠村，与七支队一部会师，然后携手北进到七支队的发源地之一瓦城。

会师后，鲁东工委研究决定七、八支队先协同作战，拔掉柳疃日伪据点，以壮军威，扩大影响。然后再到潍河以东继续筹集枪支，发展抗日力量。由于掌握敌情不准，柳疃据点的日伪军数量和武器装备强大，七、八支队缺乏攻坚经验，武器装备较差，被迫撤出战斗。

4月5日，在鹿省三主持下，鲁东工委召集两支队大队长以上干部会议，讨论合编和去胶东发展问题。会议决定一是成立八路军鲁东游击队指挥部，统一指挥七、八支队，由马保三任指挥，韩明柱任副指挥，鹿省三兼任政委，张文通任副政委（后鹿省三牺牲，张文通接任政委）。二是根据胶东特委的邀请，立即东进平度、掖县、黄县等地区。10日，部队离开昌邑，向东进发。

东征西战　屡建奇功

4月10日，七、八支队东进，在掖县沙河镇与胶东特委取得联系，并应我党领导的抗日游击队第三支队邀请，进驻掖县城。之后，七、八支队迅速开展对敌斗争，智取黄县城，收编国民党王景宋部；通过反正工作，在龙口镇收编了国民党公安武装和英国人的海关水上警察队。这些胜利极大地鼓舞了胶东军民的抗战情绪，胶东和昌潍的青年纷纷报名参军。部队很快发展到6000多人、5000多支枪。部队在黄县整编整训，政治部出版了《前进报》，后勤部开办被服厂、兵工厂，开创了山东人民抗战史上的先例。

5月，山东省委扩大为苏鲁豫皖边区省委。6月起，为统一起义部队称谓，决定统一使用八路军游击队番号。7月，撤消了鲁东游击指挥部和第七支队番号，七、八支队统称"八路军鲁东游击队第八支队"，整编为三个区队和特务大队、骑兵大队。

1938年9月下旬，根据省委指示，八支队离开了征战3个多月的胶东战场，挥师清河，与中共清河特委领导下的清河三支队携手作战，开辟清河根据地。奔袭焦家桥，击溃八股土顽部队；夜袭周村镇，重创周村日军，震慑了胶济铁路沿线日伪军；但在蒙家庄战斗中，八支队副指挥韩明柱不幸壮烈牺牲；刘田坞反包围战，开创了清河地区与日军阵地作战的悲壮先例。此外，还配合清河三支队在益都城北水渠村、临淄城北岳家庄、长山城北司家庄等地与日军进行了激烈战斗，胜利地粉碎了当地日伪军对清河地区的扫荡。

1938年底，为了加强对山东抗战的领导，党中央决定将苏鲁豫皖边区省委改建为山东分局，并派张经武等率领一批干部来到鲁中，筹建八路军山东纵队。山东分局指示，八支队速过铁路南下，参加创建沂蒙山区根据地的斗争。12月中旬，部队经过紧张的思想动员和整顿后，告别了清河地区的父老乡亲，从淄河一带穿过敌人严密封锁的胶济铁路，沿淄河急速南下。下旬，部队被编入八路军山东纵队。从此，这支迎着抗日烽火揭竿而起，在齐鲁大地转战一年之久的人民抗日游击队，跨入八路军正规部队行列，成为活跃在山东抗日战场上的一支劲旅。

12月，八支队接到山东分局命令，进军鲁中，与临朐沂水人民武装合编为山东纵队第一支队，马保三任司令员，钱钧任副司令员，参加了创建沂蒙山区抗日根据地的新战斗。

1939年9月，山纵一支队在临朐县独立营配合下，在副支队长钱钧和营长李福泽的指挥下，将进犯五井抗日根据地的日伪军300余人包围，经一天激战，全歼来犯日军，击毙日军中队长木莫和小队长岩井。缴获大炮两门，机枪四挺，步枪、弹药一批。五井战斗的胜利极大地鼓舞了广大抗日军民的抗战士气，《大众日报》于1939年11月3日发表了题为《庆祝临朐大胜利》的社论，赞誉五井之战"是一个伟大的胜利"，是"山东抗日两年来的最模范的胜利战斗"。

1942年6月，日军出动第六混成旅和伪军12000余人，对寿光的清水泊抗日根据地进行残酷扫荡。清水泊抗日自卫团配合杨国夫司令员指挥的主力部队，实行坚壁清野，出其不意地消灭小股敌军。同年10月，粉碎了敌人的"扫荡"。

1943年8月，鲁中一团在团长李福泽和政委王一平率领下进军安丘，在安丘党组织和自卫团配合下，夜袭秦启荣部驻地王家沟。经两小时激战，将敌大部歼灭，秦启荣因在天黑之前溜走，未被俘获。鲁中一团得悉秦启荣逃到厉文礼部特务团驻地辛庄子、辉渠一带，便决定出其不意，连夜奔袭包围辛庄子，将厉文礼驻军大部歼灭，在辛庄子村头击毙秦启荣。这个一手制造"太河惨案"，杀害我八路军干部战士400多人的刽子手，受到了应有的惩罚。

拓展阅读

太河惨案

1939年，国民党第五纵队司令秦启荣所属第五指挥部，指挥王尚志部占据了山东淄博淄川太河地区，并凭借太河庄高且厚的围子墙和坚固的围子门设立了据点。

同年3月，鲁北清河地区八路军山东纵队第三支队，奉山东分局之命选派62名干部、战士到鲁南"山东军政干部学校"和延安"抗日军政大学"学习，途径太河镇。为避免冲突，八路军事先派人到王尚志部联系，说明意图，王尚志表示可以通过。

3月30日，八路军四连做先锋，七连做后卫，受训干部在中间，约270余人，一路纵队从东井筒村出发，行至同古村南时，王尚志部派人告知，要八路军沿太河镇西围墙外通过。太河镇南北狭长，周围有一丈多高的石围墙，西围墙与淄河之间是一条三四米宽的通道。当大部分人员走近太河镇西门外的围墙时，王尚志部突然从太河镇南边制高点钓鱼台上首先开枪，接着围墙顶上机枪、步枪、手榴弹以猛烈的火力，将我军压制在毫无遮蔽物的狭窄河滩上。八路军带领尖刀班走在前面的吕乙亭营长当场中弹牺牲，通讯员刘书厢也壮烈殉国。

八路军前路被阻，后路被封，两边是耸立的山崖，在此危急关头，鲍辉、潘建军仍采取克制态度，命令"不要还枪"，并向围墙上的敌人喊话："枪口不要对内""中国人不打中国人"。但正义的喊声没有唤醒敌人已经泯灭的良心。随着太河镇西门打开，镇内的敌人与南面钓鱼台、北山、西山的敌人从四面向我军包抄过来。四连长徐子敬与受训干部孙晓东率领38人向东南方向冲击开一个缺口，突出重围。没有进入西围墙下面的后卫部队20多人，从河滩上向北逃出虎口。210名干部战士落入敌人的魔掌。鲍辉、潘建军、邓甫晨、张林、陈大学、赵华川、徐效礼、张琴书等英勇不屈，被残酷杀害。

这就是震惊全国的"太河惨案"。

"太河惨案"发生后，4月10日，中央北方局指示："对一切顽固分子的无理进攻，要坚决反击。"4月20日，八路军山东纵队一、二、四支队奉命对王尚志部进行反击，分别从南、北、东三面发起攻击，激战一周，歼王尚志一部，王尚志率残部逃到临朐鹿皋一带躲藏。八路军随后收复了太河、峨庄、下册一带。

1945年8月，在八路军鲁中军区沂山军分区司令员孙继先的指挥下，鲁中军区十二团、山东军区独立一旅与青州、临朐、沂水地方武装，首先歼灭了青州城外围伪军，控制了城区周围交通要道，为攻城做好了准备。8月21日下午，孙继先代表前敌指挥部对攻城作了具体作战部署：十二团打主攻；独立一旅和青州独立营于西线防守，阻击淄博日伪军增援部队；临朐独立营与沂北特务连等地方武装负责阻击城东昌乐日伪增援部队。8月22日晚8时，攻城战役开始，孙继先司令员和王道旅长指挥各路部队奋力攻城，晚九点钟突破城防。23日凌晨，收复青州城，守敌大部被歼，打死打伤日伪军2000余人，俘敌2500余人，缴获大炮4门、汽车3辆、机枪30多挺、长短枪近3000支。

在八年抗战中，潍坊各县涌现出许多英雄人物和壮烈事迹，他们为保卫祖国、抗击日寇，献出了自己的一切。

1942年11月，五千日寇合围马鞍山根据地。被围于山上的益都县抗日民主政府参议长冯旭臣老人，带全家为战士送水送枪弹，救护伤员。弹药用完，他率全家七口与战士一块用石头狠砸冲向山顶的敌人。激烈战斗中，冯旭臣中弹牺牲。女儿冯文秀负伤后，用最后一块石头狠狠砸向敌人，纵身跳下悬崖，壮烈牺牲。天快黑时，敌人攻上山来。冯旭臣的儿媳孙玉兰带着几个孩子跳崖牺牲。惨烈的马鞍山一战，冯旭臣一家六口壮烈殉国。1946年5月，鲁中区行政公署参议会向冯旭臣遗属敬赠金字大匾，上书"一门忠烈"。

寿光县曹家辛庄曹世范，十六岁参加了八路军，在战斗中左臂负伤致残，他单手苦练射击本领，在战场上击毙日伪军多人；1945年春，在解放蒙阴城战斗中，他炸毁敌炮楼，荣获"单手战斗英雄"称号。不久，在昌乐县杏山村战斗中光荣牺牲。鲁东军区发出通告，将杏山命名为"世范山"，以纪念这位人民英雄。

1945年在解放景芝镇的战斗中，安丘县战斗英雄李安仁担任突击队副班长，他带领战士冲进敌炮楼，用脚踩住正在射击的敌重机枪枪筒，用刺刀杀死射手，荣获"孤胆英雄"的光荣称号。他屡立战功，在抗日战争中献出了自己的生命。

> **知识链接**
>
> **有关抗日战争的文艺作品**
>
> **电影**
>
> 《红高粱》《七七事变》《八佰》《铁道飞虎》《激战黎明》《厨子戏子痞子》《铜草花》《致命狙杀》《江城1943》《安阳劫》《集结号》《红色之子——单刀赴会》《黄河绝恋》《捍卫者》《一个和八个》《太行山上》《明月几时有》《天若有情3：烽火佳人》《我的上高》《五月八月》《紫日》《鬼子来了》《夜袭》《赵一曼》《狼牙山五壮士》《小兵张嘎》《鸡毛信》《地道战》《地雷战》《铁道游击队》《回民支队》《平原游击队》《平原枪声》《西安事变》《破袭战》《烈火金钢》《血战台儿庄》《血性山谷》《大丈夫》《火的洗礼》《日本间

谍》《一江春水向东流》《八千里路云和月》《国歌》《英烈千秋》《黄克功案件》等。

纪录片

《抗战》《大抗战》《中国抗日战争纪实》《中国空军抗战纪实》《一寸山河一寸血》《国殇》《我的抗战》《中国远征军》等。

京剧

《红灯记》《沙家浜》《节振国》等。

歌曲

《大刀进行曲》《在太行山上》《到敌人后方去》《游击队歌》《黄河大合唱》《八路军大合唱》《小放牛》《五更调》《孟姜女》《凤阳花鼓》《王老五》《八路军军歌》《八路军进行曲》《新四军军歌》《延安颂》《毕业歌》《没有共产党就没有新中国》《团结就是力量》《歌唱二小放牛郎》等。

电视剧

《大掌门》《红高粱》《八路军》《新四军》《中国兄弟连》《狼烟北平》《亮剑》《伪装者》《勇敢的心》《爱国者》《宜昌保卫战》(《最后的国门》)《乱世佳人》《战地枪王》《学生兵》《硬骨头之绝地归途》《我的团长我的团》《红色》《雪豹》《黑狐》《永不磨灭的番号》《战长沙》《麻雀》《五号特工组》《旗袍》《铁血独立营》《蓝色档案》《夜幕下的哈尔滨》《历史的天空》《野火春风斗古城》《敌后武工队》等。

第四节　改天换地立民权

抗日战争胜利后，以蒋介石为首的国民党反动派，在美帝国主义支持下，妄图消灭共产党领导的人民革命力量，疯狂抢夺抗战的胜利果实。1946年1月，美舰队运送蒋介石的第八军在青岛登陆，沿胶济线西进，抢占了潍县及胶济线西侧的一些战略要地。不久，蒋军多次向解放区发动进攻。7月，又攻占青州城，在潍坊地区挑起全面内战。

为了粉碎蒋军的军事进攻，潍坊人民紧密配合解放军英勇反击。1946年6月中旬，国民党第八军进攻青州城，到处烧杀抢掠。鲁中军区副司令员王建安率鲁中军区一个纵队，在青州独立营的配合下，夜袭敌八军，激战半夜，歼敌一部，然后作战略转移。11月，安丘县委组织民兵配合主力部队，包围安丘县城，歼敌3000余人，活捉安丘县长潘洁民。到1947年3月，潍坊人民配合解放军野战部队，先后解放了寿光、青州、昌邑、安丘、高密等县城，粉碎了敌人的全面进攻。

蒋介石全面进攻失败后，对山东解放区实行重点进攻。1947年9月初，由国民党陆军副总司令范汉杰为指挥，以六个整编师向我胶东解放区大举进犯，胶东解放区主力实行战略转移。这时逃窜至青岛、潍县、坊子的一些恶霸地主、反革命分子组成还乡团，尾随蒋军卷土重来。后昌邑还乡团制造了震惊全国的"昌南惨案"。自9月3日至9月28日，共杀害干部、烈士军属和翻身农民积极分子3467人，全家被杀绝者就有217户。9月28日，昌邑县独立营和武工队配合解放军西海独立团，火速开赴昌南，与还乡团数千人展开激战，歼灭还乡团数百人，解救了广大群众。10月，昌邑地方武装和广大翻身农民，配合华东野战军东线兵团在昌南三合山包围范汉杰部，对敌发起强大攻势，击毙敌官兵12000余人，俘敌8000余人，活捉敌旅长张忠中，取得三合山大捷，扭转了胶东战局。11月上旬，国民党胶东兵团抽兵增援中原战场，高密县地方武装和民兵配合解放军主力部队，为拖住敌人发起了追击战，歼敌10000余人，打乱了敌人的抽兵增援计划。高密县大迟家、大孙家民兵在配合解放军作战中有80多人牺牲。为表彰他们，南海专署和南海军分区授予两村"钢铁联防"的锦旗。

1948年4月，许世友、谭震林指挥华东野战军山东兵团，发起了潍县攻坚战。潍县是济南通青岛的交通枢纽，战略地位十分重要。该城经日伪和蒋介石嫡系四十五师多年经营，城高池深，城内和城郊敌人修有碉堡群，布了地雷区，各种火力互相交叉配合，敌人吹嘘潍县城"固若金汤"。为了确保潍县攻坚战的胜利，解放军进行了周密的侦察。潍县县委和地方武装为解放军准备了大量攻城器械，义务送水送饭，运送弹药物资，做了大量工作。

4月2日，战役外围战开始。先后占领潍县机场、凤凰山、二十里堡车站等据点。12日攻下最坚固的北宫据点。至18日，潍城东北关、南关、西南关等外围敌人被扫清，外围战胜利结束。4月23日，攻城战役首先在西城打响，先头部队经过连续爆破，炸毁城区碉堡群，轰开城墙。解放军奋力拼杀，迅速攻入城内，同敌人展开了巷战与肉搏战。经连续作战至27日夜，攻占了潍县城。残余敌军弃城向东部逃窜，结果又钻入了解放军在坊子一带布下的口袋，一千多名残敌全部被歼。在潍县战役中，我华东野战军和潍坊地区地方武装共歼敌整编九十六军军部及整编四十五师，敌保安部队三个旅，共45600余人，生俘整编九十六军军长陈金城，保安司令张天佐、副司令张鬈农被击毙。随后，解放军和地方武装又消灭了安丘、昌乐之敌。

在潍县攻坚战中，华东野战军第九纵队二十七师七十九团首先突破城堤，攻入城内，对潍县战役的胜利做出了突出贡献，被华东野战军司令部授予"潍县团"光荣称号。该团八连首先登上潍县城墙，把胜利的红旗插在城楼上，故被命名为"潍县战斗英雄连"。四、五、七连也被命名为"潍县战斗模范连"。潍县战役的胜利，不仅结束了国民党在潍坊地区的统治，也使渤海、胶东、鲁南三大解放区连成一片，为济南、青岛的解放创造了有利条件。

潍县战役时人民解放军肃清城墙脚下敌人 　　潍县战役时人民解放军的炮兵阵地

人民解放军登上潍县城头

拓展阅读

潍县战役回顾

邬援军

1948年4月10日至26日，我的岳父王珽和父亲邬兰亭，分别以华东野战军第9纵队第76团副团长（团长未配）和胶东军区新编第6师副师长代理师长的身份，率部直接和间接地参加了潍县战役（76团是潍县西城的主攻团；新6师则在安丘至胶州一线担任阻击青岛援敌的任务）。

处于胶济路中段的潍县，当时有人口10万多，是山东境内东西交通的咽喉和较大的工商业城市，白浪河纵贯南北，将潍县分为东西两城，西城高于东城5米多，是国民党军防守的重点。守敌为国民党整编第45师及保安第3、第6、第8旅和自卫总队等15个团，连同周围数十县的地主恶霸武装共4.6万余人。攻占潍县可使我军胶东战局全盘皆活，消除山东解放区的心腹之患，使胶东、渤海、鲁中解放区连成一片。

中央军委、毛主席于3月20日批准了山东兵团发起潍县战役的作战计划，并提出"进攻昌、潍得手后，休整半月，待命进攻津浦路济南、徐州段。"

潍县城池坚固，据说历史上从未有人凭武力攻破过，故有"鲁中堡垒"之称。

国民党守敌在防御工事构筑上，下了很大功夫，他们依托高大坚固的潍县城墙在外围修筑了星罗棋布的护城堡垒和暗堡，开挖了密如蛛网的堑壕、交通沟，配置了上中下三层绵密的交叉火网，并提出了在"地平线下作战"的指导思想。

山东兵团首长鉴于潍县之敌的防御特点，决心集中三个纵队的兵力和大小口径火炮893门围攻潍县，并确定采取先西城、后东城，多点突破、地下穿插，纵深割裂、交替巷战，隐蔽火力、抵近射击等灵活战法。首先分割潍县与昌乐等外围据点的联系，扫除四关外守敌，攻取敌守备重点西城，然后依托西城攻取东城及外围据点之敌；再以第七纵队、第十三纵队一部与渤海、胶东军区部队，分别在益都和胶县地区，担任阻击济南、青岛援敌的任务；以第十三纵队主力为总预备队，随时在需要的方向投入战斗。

攻城部队于4月2日向潍县开进，8日，完成对外围敌人的分割和对潍县的包围，激战至18日，先后攻占外围据点坊子、寒亭等50余处，肃清了四关外的敌人。随后，我军即暂停攻城，佯作后撤，实施欲擒故纵之计；部队转入敌前练兵，隐蔽地实施近迫作业等攻城的直接准备工作。这一行动麻痹了敌人，他们误认为我军因"伤亡过大放弃攻城企图"，王耀武甚至在济南开会庆祝"潍县解围"。23日夜，我军在完成进攻各项准备后，突然猛攻西城，以猛烈的炮火结合坑道爆破，首先在北面打开缺口，突进5个连，在城墙上与敌人展开激战。24日晨，后续梯队登城投入巷战，城南部队也相继突入。各部队密切协同，战至当夜攻占西城。26日夜，我军又一举突破东城，歼敌大部，残敌由东南越城逃跑，被我城外部队截歼，俘敌整编第96军军长兼第45师师长陈金城。同日，昌乐、安丘等地被围之敌也相继被歼。

战役发起后，国民党第11绥靖区司令丁治磐指挥其隶属的整编第64师及第57旅，于4月5日自青岛向西增援，经我胶东部队顽强阻击，滞留于大沽河沿岸。国民党第2绥靖区司令王耀武指挥其整编第73师、第75师、第84师，于4月6日自济南东援，沿途被我歼灭3000余人后，于21日被阻于益都地区无法前进。在我军攻克潍县后，敌东西增援部队于5月1日分头撤回原防地。

潍坊人民在解放战争时期，积极参军参战，支援前线，配合人民解放军歼灭了盘踞在潍坊地区的十几万国民党军队，有力地支援了全国的解放战争。在解放战争中出现了许多英雄人物和动人事迹。寿光县临湖、泊东两区组织的担架连，荣获"陈毅担架连"的光荣称号。陈毅为锦旗题词："渤海第三连，真正是模范。学习搞得好，生活能改善。从没开小差，飞机打不散。"这面锦旗现存于北京军事博物馆。该担架连自1947年3月至1948年1月，跟随华东野战军转战26个县，行程17000里，参加了孟良崮、三合山等大小战斗六十次，出色地完成了支前任务。全连队荣立一等功者三人，二等功七人，三等功三十四人，其他同志也都受到了表彰。1948年9月28日，寿光县公安局战士刘金光、刘玉民、张宗学，在张建桥活捉了国民党第二绥靖区司令官王耀武，受到华东局、华东军区、山东省政府的嘉奖。青州市七里村战功卓著的史景升，在解放青州时，担任副排长，他与战友消灭敌人一个排，缴获机枪两挺，步枪三十多支。1947年6月，鲁中三军分区授予他"战斗英雄"称号。1948年9月，他任连长，在济南战役中，率全连主攻馍馍山，夺取敌人阵地，消灭敌人一个炮兵连和两个步兵连，缴获机枪二十余挺、步枪百余支。荣立一等功，获"智勇双全"奖旗一面，后参加淮海战役又荣立二等功一次。青州市杨家庄乡寨里村宋来荣，是1948年参加解放军的新战士，参军不到一年，在淮海战役中，自告奋勇炸毁敌人碉堡，壮烈牺牲，被追记一等功。

1949年10月1日，昌潍专署党政军群万余人隆重举行集会，热烈庆祝中华人民共和国成立

据不完全统计，在解放战争中，潍坊地区有十万多名优秀青年参加人民解放军，几十万民工为前线做救护和后勤供应，五百多名干部随军渡江南下，为全国的解放事业做出了重大贡献。

拓展阅读

陈毅担架连

修雪丽　马　林

1947年2月，国民党反动派向山东解放区发动重点进攻。华东野战军司令员陈毅指挥军队同敌人展开了激烈的斗争。3月，由寿光县临湖、泊东两区27个村的民兵骨干和部分县区干部组成了一个123人的担架连，从寿光开赴桓台县的索镇，接受了渤海区支前委员会的整编，编为渤海子弟兵团担架队2团3连，连长为单连桂。整编后，他们随华东野战军7纵21师转战于山东和苏北26个县，单凭两条腿行程

1.7万里，他们忍饥挨饿，跋山涉水，抢救伤员，运输弹药，参加了孟良崮、南麻、临朐、诸城、三户山等大小战斗60次，至1948年1月圆满完成支前任务胜利归来。

经过这次锻炼和考验，3连党员由最初的38人发展到84人，涌现出一等功臣3人，二等功臣7人，三等功臣34人。连队先后荣获山东省政府颁发的"巩固模范""钢的担架队"奖旗两面；获得华东野战军7纵19师授予的"陈毅担架连"称号及"陈毅担架队"的锦旗。还有一面锦旗现存中国人民革命军事博物馆，上面有陈毅的题词："渤海第三连，真正是模范。学习搞得好，生活能改善。从没开小差，飞机打不散。"

知识链接

有关解放战争的文艺作品

电影

《渡江侦察记》《英雄虎胆》《车轮滚滚》《小花》《战上海》《智取华山》《红日》《黑山阻击战》《南征北战》《金戈铁马》《大转折》《鏖战鲁西南》《开国大典》《济南战役》《解放石家庄》等。

纪录片

《解放中国：潍县战役》《潍县集中营》《解放战争》《铁马冰河：东北解放战争全纪录》《生死对决：淮海战役全记录》《铸剑为犁：平津战役全记录》等。

京剧

《智取威虎山》《闯王进京》《红嫂》等。

歌曲

《练兵》《解放军大反攻》《全国大反攻》《野战军好威风》《人民的战士》《靠我们打胜仗》《起来，穷人们》《打倒蒋介石解放全中国》《打》《换枪歌》《解放军老百姓是一家》《军爱民民爱军》《立功歌》《人人立功劳》《刺刀见红更英雄》《战斗英雄任常伦》《五朵花儿开》《说打就打》《人民军队不忘本》《我为人民扛起枪》《城市纪律歌》《山那边哟好地方》《五指山歌》《翻身歌》《今年的新年不一般》等。

电视剧

《解放》《东方红1949》《猎人》《铁血尖刀》《七战七捷》《延安保卫战》《解放大西南》《风云一九四九》《决战黎明》《黎明之前》《最后99天》《北平无战事》《渡江战役》《济南战役》《解放云南》《江阴要塞》《利剑》《大进攻序曲》《豫东之战》《铁流西进》《英雄孟良崮》《中原突围》《保卫延安》《解放海南岛》《临汾攻坚战》《晋中大捷》《战北平》《飞兵襄阳》《战火西北狼》《战火兵魂》《林海雪原》《乌龙山剿匪记》等。

第五节 抗美援朝卫和平

1949年10月，新中国诞生，"百废待兴"，中国人民渴望有一个和平的建设环境。然而，1950年6月25日朝鲜内战爆发以后，美国当局武装干涉朝鲜内政，又令其海军第七舰队侵入台湾海峡，阻挠中国人民解放自己的领土台湾。当战火烧到鸭绿江边，朝鲜民主主义人民共和国危急、中国大陆的安全受到严重威胁之时，中国人民不得不奋起抵抗侵略。1950年10月，根据朝鲜劳动党、朝鲜政府的请求和保卫中国国家安全的需要，中共中央和毛泽东主席代表中国人民的意志，毅然作出了"抗美援朝、保家卫国"的重大战略决策，组织中国人民志愿军赴朝，与朝鲜军民并肩作战。1950年10月19日黄昏时分，中国人民志愿军雄赳赳、气昂昂跨过鸭绿江，开赴朝鲜战场。抗美援朝战争就此拉开序幕。

在中国人民志愿军出国作战的同时，昌潍专区人民在昌潍地委、专署和昌潍专区抗美援朝分会的统一领导下，开展了大规模的"抗美援朝，保家卫国"的群众运动。

1951年春节前后，昌潍专区召开各界代表参加的抗美援朝座谈会，与各界代表进行研讨交流，通过各人民团体向广大人民群众进行宣传，成立了"保卫世界和平、反对美国侵略"委员会，组织游行示威，开展了轰轰烈烈的抗美援朝运动。在农村则首先通过各种会议结合土地改革，利用黑板报、宣传栏、播音站、集市等宣传阵地在群众中进行教育和宣传，有的县还召开了抗美援朝代表会。

潍坊市社会各界举行反美游行

1951年春至1953年9月，昌潍专区人民积极响应中央发出的"向中国人民志愿军和朝鲜军民进行慰问"的号召，积极开展了写慰问信、做慰问袋、捐献粮食等活动。昌潍专区群众在慰问与捐献中表现出了极高的政治觉悟，坊子区一位老大娘，起初捐了 7000 元旧币，自己觉得少，便又捐了 3000 元旧币，并说："我开始捐 7000 元，等于打美国鬼子一巴掌，现在捐到 1 万元等于打他们一拳头！"昌南县的一位老大娘，抱着孙子去捐款，自己捐了 1000 元旧币，又给孩子拿上 500 元旧币，说："俺孩子也为抗美援朝捐上 500。"潍坊城区博古街有一位姚大娘毅然将自己的金坠子和银元卖掉（价值约 30 万元旧币），捐出来购买飞机大炮。据不完全统计，昌潍专区共捐款 7.9916 亿元旧币，捐献粮食 178758 斤（5 个县的统计），做慰问袋 35350 个（缺益都县），写慰问信 5949 封（9 个县的统计），捐献肥皂 1779 块（4 个县的统计），捐献毛巾 387 条（4 个县的统计），捐献文具 387 件（3 个县的统计）。

这一时期，昌潍专区群众响应中国人民抗美援朝总会的号召，积极开展"推行爱国公约、捐献飞机大炮和优待烈军属"三项活动。据统计，昌乐、寿南、潍县、益都、潍坊、潍安、安丘、昌邑八县市共有 65 万个单位订立爱国公约，寿南、益都、潍县、昌乐四县共有 1455 个村订立了爱国公约，昌南、安丘村村订立。潍坊市工人订立爱国公约，展开马恒昌小组竞赛，42 个单位挑起生产竞赛，132 个单位订立爱国公约，8159 人参加。工商界提出"抗美援朝，按时交纳税收"倡议，所得税的征收顺利如期完成。益寿六区群众订立爱国公约，其中一项是保证给军属代耕。有的地方涌现出医生下乡给军属治病只收药费，理发师傅自动下乡给军属理发不要钱，木匠给军属修补门窗不要钱等先进事迹。

抗美援朝期间，昌潍专区青年还积极响应中央军委和政务院的号召，踊跃参军。广大城市、农村出现了许许多多父母送儿子、妻子送丈夫、兄弟争相入伍的感人场面。据集中到区的统计数字，约有 23731 人报名，经过检查送新兵 18685 人，完成精兵数为 14212 人。其中属于送子参军的 3523 人，属于妻子送丈夫参军的 430 人，送兄弟的 1052 人，自动报名的 9747 人。同时，广大群众积极参加支前活动，上级下达给昌潍专区做军鞋 4 万双、棉军衣 800 套的支前任务，经缝衣工人加班加点赶制，按时完成了任务。

拓展阅读

捐献"临朐号"飞机大炮支援抗美援朝

马胜全

"雄纠纠，气昂昂，跨过鸭绿江，保和平，卫祖国，就是保家乡。"这首慷慨激昂、气势雄壮、节奏铿锵的《中国人民志愿军战歌》是志愿军抗美援朝、保家卫国、维护和平的真实写照。在抗美援朝运动中，临朐人民同全国人民一道全力支持志愿军。临朐县档案馆保存的相关档案资料，真实地记录了临朐人民积极开展抗美援朝运动、踊跃支援志愿军的历史事实。

1950 年 10 月，以美国为首的"联合国军"越过"三八线"，悍然发动了朝鲜战争；并逼近鸭绿江边，侵入台湾海峡，不断用飞机、大炮轰炸、炮击我国沿江村庄，妄想颠覆新生的人民政权。为保护国家利益、维护地区和平，党中央作出了"抗美援朝、保家卫国"的战略决策，组建中国人民志愿军赴朝作战；1951年2月，党中央发出《关于进一步开展抗美援朝爱国运动的指示》。临朐人民积极响应党中央的号召，在中共临朐县委、县人民政府的领导下，掀起了轰轰烈烈的支援抗美援朝运动。

1951年3月20日至22日，临朐县第二届各界人民代表大会第一次会议召开，会上制定并通过了《临朐县抗美援朝爱国公约》。会议结束后，全县有511个村和部分学校、行业，订立了各自的抗美援朝爱国公约。5月，临朐县抗美援朝分会成立。"五一"国际劳动节期间，全县举行了声势浩大的抗美援朝运动游行示威，共有10.5万人参加，为表达临朐人民拥护和平、反对侵略战争的意志，全县开展拥护缔结和平公约签名运动，签名人数达到14.6万人。

为推动抗美援朝运动更加深入地开展，1951年6月1日，中国人民抗美援朝总会发出了《关于推行爱国公约、捐献飞机大炮和优待烈属军属的号召》，临朐县积极响应，并立即行动起来，先后召开县、区、乡会议，传达、讨论全国总会号召，研究贯彻落实的办法与措施。

修订爱国公约。在深入开展抗美援朝教育的基础上，全县各级、各单位对原先签订的爱国公约进行全面检查、修订，结合自身实际情况，将抗美援朝、爱国增产、捐献武器和优抚工作等列入爱国公约，提出了落实的具体要求、措施。通过爱国公约这种形式，把全县人民的爱国思想与实际行动结合起来，将满腔的爱国热情转化为强大的精神力量和支援抗美援朝战争的爱国行动。

开展增产节约、捐献飞机大炮运动。1951年7月8日至11日，临朐县第二届各届人民代表大会第二次会议与抗美援朝代表会议召开，会上听取了县委《关于抗美援朝捐献运动的动员报告》，通过了捐献"临朐号"战斗机1架、大炮1门的决议。号召全县各行各业大力开展增产节约运动，把增加的收入捐献出来，购买飞机大炮，以实际行动支援中国人民志愿军在前线作战。为此，全县农民在农业生产中，多上一车粪、多锄一遍地、多打一成粮，深耕细作，改进推广农业技术、克服与战胜各种自然灾害，种好黄烟、棉花，提高产量，增加农业副业收入；广大妇女积极参加劳动生产和家庭副业生产，多养鸡、养猪、做鞋袜等增加收入；工商业界加强城乡物资交流，购买农民必需品及生产资料，及时推销土特产，增加收入；文化界、青年、学生、机关工作人员参加义务劳动，搞好开源节流。10月17日，临朐县委召开区委书记、宣传委员和抗美援朝分会执行委员联席会议，要求对捐献工作边发动边检查，切实贯彻"无力者免，过多者减，不自愿者不要"的原则，进一步做好捐献工作。全县广大干部群众积极响应，有钱的出钱，有物的出物，有力的出力，有的老大娘把舍不得吃的鸡蛋都捐献出来了，说是用鸡蛋换炮弹，让志愿军狠揍美国鬼子。至11月底，全县参加捐献的干部群众共计27万人，捐献了32亿元（旧人民币）。

开展优待烈属军属活动。全县各级干部在广大群众中广泛进行拥军爱属教育，提高烈属军属的政治地位。帮助烈属军属搞好农业生产，有的给烈属军属种黄烟、摘棉花，有的给烈属军属代耕农田，使优待烈属军属活动开展得有声有色。同时，全县广大青年热烈响应祖国号召，踊跃报名参军，有2267名青年报名参加抗美援朝志愿军，出现了父母送儿子、妻子送丈夫参军的动人场面。

光阴荏苒，日月如梭。如今，那场声势浩大、全民动员参与的抗美援朝运动，虽已过去了60多个春秋，但共和国不会忘记，人民不会忘记，历史不会忘记。

> **知识链接**
>
> **有关抗美援朝的文艺作品**
>
> **电影**
>
> 《英雄连》《最可爱的人》《飞虎》《上甘岭》《长空比翼》《友谊》《三八线上》《烽火列车》《奇袭》《英雄坦克手》《英雄儿女》《打击侵略者》《碧海红波》《激战无名川》《长空雄鹰》《心弦》《心灵深处》《战地之星》《毛泽东和他的儿子》《神龙车队》《铁血大动脉》《北纬三十八度》《三八线上的女兵》《金刚川》《斩断魔爪》《徐秋影案件》《前方来信》《铁道卫士》《慧眼丹心》等。
>
> **纪录片**
>
> 《为了和平》《共和国战争——抗美援朝秘史》《较量》《半个世纪的回响》《鸭绿江边的记忆》《没有铁丝网的战俘营》《跨过鸭绿江》《断刀——朝鲜战场大逆转》《不能忘却的伟大胜利》《英雄儿女》《英雄》《抗美援朝保家卫国》等。
>
> **京剧**
>
> 《奇袭白虎团》等。
>
> **歌曲**
>
> 《中国人民志愿军战歌》《中国人民志愿军进行曲》《来一个歼敌的大竞赛》《我们热爱和平但也不怕战争》《志愿军高射炮兵》《消灭细菌战》《全世界人民团结紧》《转盘枪和手榴弹》《抗美援朝进行曲》《我的祖国》《英雄赞歌》等。
>
> **电视剧**
>
> 《战旗如画》《抗美援朝》《战火熔炉》《跨过鸭绿江》《我们的战争》《欧阳兰》《中国战俘》《硝烟散后》《壮志凌云》《东方》《毛岸英》《彭德怀元帅》等。

第六节 高峡平湖泽苍生

纵贯潍坊中东部的潍河古称潍水，亦名淮河。清乾隆五年《莱州府志》载："淮河即潍水"。《水经》云："水出琅琊箕县之潍山"，故名潍水。《汉书》"潍"字作"淮"，故有淮河之称。因为它河道弯曲，宽窄不一，行洪能力差，每到汛期常常酿成灾害，给人民群众的生命和财产造成了巨大损失，所以下游的两岸群众称它为"坏河"。当地群众常说："开了吴家漫，昌邑、潍县跟着转。开了红崖口，昌邑、潍县跟着走。""开了田家湾，淹了东半天。过了胶莱河，淹了三合山。"

拓展阅读

潍水"四公"

在潍水沿岸，自古就流传着冰雹不打四公之说。这四公系指黄公、盖公、郑公、狄公。后是指这四公所在的四座山，即赵戈镇的黄公山、盖公山、砺埠山和狄山。

黄公，名黄石公，战国时著名兵家。在朱子村后隐居此山，去世后人们把他安葬在该山的最高处，并把该山改称"黄公山"，以兹纪念。之后，又在他讲学的旧址建黄公祠（祠内黄公雕像端坐其中，韩信、张良置身其两侧，均为木雕），并派人看管。

盖公，生于本镇，是秦汉间有名的大贤，创立了"盖公之道"。晚年隐居朱子村南之山，逝后人们将其安葬在该山之巅，并将该山定名为"盖公山"，后又立祠纪念。

郑公，名玄，字康成，东汉时人，著名经学大师。郑晚年被袁绍胁迫去随军，半道而亡，葬在他母亲的家乡，即现在的青州市郑母村，后又移葬其家乡潍水东岸的砺埠山上（此山在郑公管区郑公后殿村）。东汉末年，在其墓前立郑公祠，后经唐、清、民国和1987年四次整修，供游人瞻仰。现该祠占地5亩多，有三间二层结构房屋，另有偏房，有人看护。

狄公，狄仁杰，字怀英，号英德，为唐朝武周时的著名宰相，刚正廉明，执法不阿，以身护法，任大理丞，判决大量的积压案件，一生上承贞观之治，下启开元盛世的武则天时代，为国贡献卓著。

为了解决潍河下游两岸的洪涝灾害、农田灌溉和沿海群众吃水问题，昌潍地委、专署于1958年8月26日向山东省人民委员会写出了关于修建峡山水库的报告。9月16日，山东省人民委员会批复昌潍专署同意修建峡山水库。10月，昌潍地委和专署成立了"山东省昌潍区峡山水库工程指挥部"和水库工程党委，由副专员刘勇任指挥兼党委书记，副专员张兴堂为副指挥兼党委副书记。指挥部下面设有办公室、工程科、供应科、器材机械科、迁占科等。水库工程党委下设政治部，政治部下设组织科、宣传科、治保科、团委等，张钧任政治部主任。随后，潍坊、昌邑、高密、安丘也在本行政区域设立指挥部，并在专区工程指挥部的统一领导下，开展了水库建设的前期准备工作。

水库工程指挥部驻昌邑县东扶戈庄村，昌邑县指挥部驻昌邑县庞家山后村，民工全部在工地上住工棚。工棚是向下挖半米深，四周筑起1米高的土墙，上面用木头和草搭顶，里面用草铺成地铺，条件十分艰苦。水库修建由国家投资6900万元，基本上全是工程费、材料费，不下发各县，只给民工1个工日1毛钱的生活补贴。民工都是从家里带粮食、咸菜和工具，由村里记工分，其他没有任何报酬。

峡山水库由山东省水利勘探设计院负责设计，边设计边施工。水库主坝由500米粘土心墙砂壳坝和2250米均质土坝组成，全长2750米，最大坝高21米，顶宽7米。副坝系均质土坝，由三段组成，全长28881米，最大坝高14.5米，顶宽6米。溢洪闸15孔，最大泄量1.85万立方米每秒。输水洞共有5个，最大流量分别为41.0、4.2、54.0、29.5、10.0立方米每秒。

据统计，共有昌邑、高密、安丘、潍县4个县的民工参与峡山水库的修建。开始时上阵劳力36000人，最多时达到73000人，加上后勤人员总人数共超过10万人。水库工程指挥部对民工实行军事化管理，每个县为一个兵团，兵团之下设营，1个公社为1个营，并实行"组织军事化、行动战斗化、生活集体化"的管理办法，民工建设积极性空前高涨。

1960年4月2日，开始大坝合拢。大坝合拢有3个县参与，北面是潍县，中间是昌邑，南面是安丘，昌邑段最早完工。整体合拢于6月份完成。然后是大坝石头护坡，到10月基本完成。至此，峡山水库的建设基本完成。

峡山水库控制流域面积4210平方公里，总库容13.77亿立方米，兴利库容5.01亿立方米。水库达百年一遇设计防洪标准，在建成后当年就经受了严峻考验。1974年发生建库以来最大洪水时，削减洪峰72.3%。

峡山水库施工现场

峡山水库在抗旱灌溉方面也发挥巨大威力。水库灌区设计灌溉面积153万亩，其中昌邑78万亩，高密38万亩，寒亭26万亩，安丘8万亩，潍北农场3万亩。由于峡山水库每年放水灌溉压碱,昌邑、潍县北部的盐碱地得到改造,土质发生了根本性变化,原来贫瘠的盐碱地变成了旱涝保收的良田。同时,解决了灌区北部沿海地区群众的吃水困难。有养鱼水面9.1万亩,大银鱼、小银鱼、鲤鱼、甲鱼、鲫鱼、黑鱼、鲢鱼、鲶鱼、田螺、河蚌等水产品含量非常丰富,年产量在6000吨以上。

现在的峡山水库又名峡山湖,是山东省第一大水库,素有"齐鲁第一库"之称。库区气候宜人,风景优美,物产丰富,花草树木繁多,是集观光、旅游、休闲、度假于一体的大型天然场所。

第七节 动力之城追日月

装备制造业是国民经济的脊梁。潍坊市的装备制造业发展有着雄厚的基础和长远的历史。1920年,祖籍潍县滕家庄(今潍坊市坊子区滕家庄)的滕虎忱择址潍县东关创办了"华丰机器厂"。而诞生在华丰机器厂的华北第一台15马力柴油机掀起了潍坊的一场工业革命。1934年,国民政府铁道部在北京、青岛先后举办的铁路沿线产品展览会上,展出了华丰机器厂生产的各种柴油发动机以及织布机、弹花机等产品,其质量与进口产品相比,绝无逊色,获得展会奖励。

在滕虎忱的影响下,潍坊以及周边地区手工操作逐步改变为机械化大生产,潍坊也成为江北著名的机器制造业基地,成为当时首屈一指的中国农业机械。由于战争的原因,滕虎忱的华丰机器厂发展中断,但是华丰机器厂为潍坊动力城打下的基础却延续了下来。

1948年潍县解放后,滕虎忱在潍坊召集华丰机器厂的旧部职工,收集原来的两个华丰机器厂及分厂埋藏的少量物资和残存设备,并重新创办了"华丰柴油机厂"。1954年6月,重建后的"华丰"实行公私合营,被并入潍坊柴油机厂。

华丰机器厂原厂

> **拓展阅读**
>
> "中国内燃机之父"——滕虎忱
>
> 滕虎忱，原名景云，字虎忱，又作虎臣。1883年生于山东省安丘县滕家庄子村（今潍坊市坊子区坊安街道滕家庄子村）。
>
> 1902年，滕虎忱考入德国海军的青岛水师工务局马尾船坞公司，成为公司的一名学徒。他潜心学习，认真钻研，不久即成为公司的技术骨干，被提拔为工段长。
>
> 在青岛打工期间，滕虎忱有幸两次聆听了孙中山"反对列强，唤起民众，挽救中华，实业救国"的演说，从而萌发了实业救国的念头。1916年秋，滕虎忱拒绝了德国企业的热情挽留和高薪待遇，返回阔别多年的家乡，立志实现实业救国的夙愿。
>
> 1920年，滕虎忱在潍县东关大街创办起机器制造工厂，取"中华""丰盛"之意，命名为华丰机器厂。1922年，华丰机器厂发展成为当时潍县最大的机械工厂。1932年，华丰机器厂自行研发生产出中国北方第一台15马力柴油机，使潍县成为中国除上海外第二座能够生产柴油机的城市。1935年，华丰机器厂成为江北最大、全国驰名的机器制造厂。
>
> 七七事变后，滕虎忱被迫离开潍坊。日军侵入潍县后，占据了该厂。1948年，潍县和济南相继解放后，他立刻返回潍坊，重新创办了华丰柴油机厂。后经公私合营改名为潍坊发动机厂，成为新中国机器制造业的主要支柱之一。
>
> 1951年1月他应邀出席济南市各界人民代表会议，1952年华东军政委员会任命他为潍坊市人民政府委员，1954年他被选为山东省出席第一届全国人民代表大会的代表，1955年他被选为山东省人民委员会委员。
>
> 1958年12月28日，滕虎忱因病去世，享年75岁。他是潍坊现代机械工业的"开创者"，后来被称为"中国内燃机之父"，潍坊"动力之城"的招牌上就刻写着他的印记。

潍坊柴油机厂1946年初创建于山东威海市。1945年威海解放，为发展生产、支援人民解放战争，1946年1月，办起了建国铁工合作社。3月16日更名为环海铁工厂，主要制造七九式步枪和汽船修理。1948年解放战争转入战略反攻，军工生产任务扩大。8月工厂移交军区军工局，并入设在文登葛家村的兵工六厂。11月上级决定从并入兵工六厂的原环海铁工厂的人员和设备中调出设备9台、职员和技工12名，到潍县坊子筹建大华机器厂。1948年12月，12名职工相继到达坊子，在三马路一家酒厂的大院内，建起了大华机器厂。1952年2月，工厂与昌潍实业公司以及所属的万通铁工厂、华新工具厂、国光铜线厂合并。同年11月又与山东工学院实习厂、潍坊市机器制造业公私联营铁工厂合并，仍定名为大华机器厂。厂址由坊子迁至潍坊市东关南门外。1953年8月，企业收归国家第一机械工业部第四机器工业管理局领导，并更名为潍坊柴油机厂。

1955年春,潍坊柴油机厂试制生产6160型柴油机,从此走上了专业化研制生产的道路。1984年,国家经济委员会确认潍坊柴油机厂为重型汽车配套柴油机的定点厂之一。1996年下半年至1998年,潍柴经历了经济转型之痛,企业到了濒临破产的边缘。

1998年6月,上级党组织经过考察,正式任命谭旭光出任潍柴厂厂长,拉开了潍柴改革与发展的大幕。2002年底,成立潍柴动力股份有限公司。2005年3月,"蓝擎WP12"完成样机试制并投产,推动中国内燃机产业迈入了自主创新的"中国动力时代",彻底终结了中国商用车依赖"外国心"的历史。

2009年,潍柴主导成立山东重工集团有限公司,将法国博杜安、意大利法拉帝、德国凯傲、林德液压等全球高端品牌收归旗下。之后,北美并购"二重奏",将德马泰克、PSI公司划入潍柴版图。同时,潍柴深耕"一带一路",在印度完成轻资产建厂,在白俄罗斯、缅甸、埃塞俄比亚布局当地制造项目。

2018年,重型商用车动力总成关键技术及应用项目获国家科技进步一等奖。

拓展阅读

潍柴动力,何以奔腾不息?

走进潍柴,一种独特的气质直抵人心。

2019年6月5日晚,潍柴集团董事长谭旭光率全体管理团队及1600名"80后"青年员工,集体观看大型民族歌剧《沂蒙山》。演出过程中,现场响起30多次雷鸣般的掌声,结束后全场潍柴员工自发鼓掌致敬,持续近20分钟。

这种气氛深深打动了全体演员和主创人员。"潍柴是一家在革命炮火中诞生、与共和国共成长的国有企业,潍柴的红色基因与沂蒙精神一脉相承、共振共鸣。"中国文联原副主席仲呈祥感叹。

艰难困苦,玉汝于成。从入不敷出到2018年收入2354亿元、利润139亿元;从濒临破产到中国领先、在全球具有重要影响力的汽车和装备制造集团。传承红色基因的潍柴,以壮士断腕的担当与勇气率先推进改革,以超前战略眼光开放合作,打造了世界一流的科技创新能力,创造了21年高质量发展的"潍柴速度""潍柴奇迹"。

走进潍柴,一个疑问有了答案:谁说国企搞不好?

探析这条独具中国特色的世界级企业崛起之路,最重要的经验是:21年来,无论外界环境如何变幻,始终心无旁骛攻主业,为振兴中国装备制造业这份初心,保持一种斗争精神、一种亮剑勇气、一种战士气概、一种冲锋姿态。

"凡是成功的企业,要攀登到事业顶峰,都要靠心无旁骛攻主业。"2018年3月8日,在参加十三届全国人大一次会议山东代表团审议时,习近平总书记为潍柴点赞。

思考与讨论

一、结合本章内容，你认为革命年代的红色文化与建设年代的红色文化有哪些异同？

二、从文化继承与发展角度，谈谈你对潍柴动力的认识。

三、围绕特定的潍坊红色文艺作品，组织观看与研讨会。

知识测验

一、单项选择题

1. 五四时期，潍坊各县学校数量最多的是（　　）。

   A. 诸城　　　　B. 寿光　　　　C. 高密　　　　D. 青州

2. 1919年，青州"五·二四"集会的地点是（　　）。

   A. 省立第十中学　　　　　B. 省立第四师范
   C. 法庆寺　　　　　　　　D. "怡翰斋"洋行

3. 1931年，领导坊子煤矿工人罢工并取得胜利的是（　　）。

   A. 庄龙甲　　　B. 尚鲁民　　　C. 张玉山　　　D. 刘良才

4. 1932年的益都暴动总指挥是（　　）。

   A. 张鸿礼　　　B. 郑心亭　　　C. 冀虎臣　　　D. 宋伯行

5. 1933年夏，由于山东省委遭到破坏，潍坊各地党组织与上级失去联系。历经艰险，沿途乞讨，去上海寻找党中央的潍县中心县委委员是（　　）。

   A. 刘良才　　　B. 牟铭勋　　　C. 郑心亭　　　D. 张玉山

6. 1937年10月下旬，中共寿光县委在牛头镇召开扩大会议，具体研究了组建抗日武装的问题。12月29日，各地以党支部为核心组织的抗日武装集合于牛头镇，正式宣布成立"八路军鲁东游击队第八支队"，担任支队长的是（　　）。

   A. 韩明柱　　　B. 杨涤生　　　C. 鹿省三　　　D. 马保三

7. 1938年，中共鲁东工委书记季方华等领导潍北人民举行武装起义后，建立了"八路军鲁东游击队第七支队"，担任支队长的是（　　）。

   A. 王培汉　　　B. 鹿省三　　　C. 王一之　　　D. 马保三

8. 一手制造"太河惨案"，杀害我八路军干部战士400多人的刽子手秦启荣被击毙的地点是（　　）。

   A. 寿光　　　　B. 青州　　　　C. 安丘　　　　D. 临朐

9. "渤海第三连，真正是模范。学习搞得好，生活能改善。从没开小差，飞机打不散。"这是寿光县临湖、泊东两区组织的担架连所获锦旗上的题词，题词人是（　　）。

   A. 聂凤智　　　B. 许世友　　　C. 谭震林　　　D. 陈毅

10. 1998年6月，被正式任命为潍坊柴油机厂厂长、拉开潍柴改革与发展的大幕的人物是（　　）。

　　A. 王伯祥　　　　B. 谭旭光　　　　C. 王乐义　　　　D. 刘祥伍

11. 潍柴动力"重型商用车动力总成关键技术及应用项目"获得国家科技进步一等奖的时间是（　　）。

　　A. 2017年　　　　B. 2018年　　　　C. 2019年　　　　D. 2020年

二、多项选择题

1. 1921年7月，中国共产党第一次全国代表大会在上海举行。出席一大的山东代表是（　　）。

　　A. 王尽美　　　　B. 邓恩铭　　　　C. 庄龙甲　　　　D. 马保三

2. 到1927年春，潍坊地区先后建立的中共县委有（　　）。

　　A. 中共潍县县委　　　　　　B. 中共寿光县委
　　C. 中共益都县委　　　　　　D. 中共高密县委

3. 历史上侵夺坊子煤矿矿产资源的帝国主义国家有（　　）。

　　A. 德国　　　　B. 美国　　　　C. 澳大利亚　　　　D. 日本

三、判断对错题

1. 1925年3月，潍县南屯村在党的领导下建立了潍坊第一个农民协会。（　　）

2. 1937年12月，声震渤海平原的牛头镇起义，打响了鲁东抗战第一枪。（　　）

3. 1938年12月，八支队与临朐沂水人民武装合编为山东纵队第一支队，马保三任司令员。（　　）

4. "单手战斗英雄"曹世范、"一门忠烈"冯旭臣、"孤胆英雄"李安仁都是抗战中潍坊涌现出的英雄人物。（　　）

5. 1948年4月，许世友、谭震林指挥华东野战军山东兵团，发起了潍县攻坚战。（　　）

6. 在潍县战役中，我华东解放军和潍坊地区地方武装共歼敌45600余人。生俘整编九十六军军长陈金城。（　　）

7. 在潍县攻坚战中，华东野战军第九纵队二十七师七十九团，对潍县战役的胜利做出了突出贡献，被华东野战军司令部授予"潍县团"光荣称号。（　　）

8. 潍县战役的胜利，不仅结束了国民党在潍坊地区的统治，也使渤海、胶东、鲁南三大解放区连成一片，为济南、青岛的解放创造了有利条件。（　　）

9. 1948年9月28日，寿光县公安局战士刘金光、刘玉民、张宗学，在张建桥活捉了国民党第二绥靖区司令官王耀武，受到华东局、华东军区、山东省政府的嘉奖。（　　）

10. 1958年10月，昌潍地委和专署成立了"山东省昌潍区峡山水库工程指挥部"和水库工程党委，由副专员刘勇任指挥兼党委书记，副专员张兴堂为副指挥兼党委副

71

书记。（   ）

参考答案：

一、单项选择题

1. D   2. C   3. D   4. B   5. B   6. D   7. A   8. C   9. D   10. B   11. B

二、多项选择题

1. AB   2. ABCD   3. AD

三、判断对错题

1. 正确   2. 正确   3. 正确   4. 正确   5. 正确   6. 正确

7. 正确   8. 正确   9. 正确   10. 正确

第三章 潍坊红色文化之英雄模范

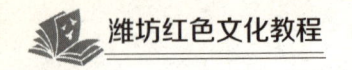

第一节 为有牺牲多壮志

一、山东首位县委书记：庄龙甲

1903年12月6日，庄龙甲出生于山东潍县庄家村（现潍坊市奎文区梨园街道庄家社区）。

庄龙甲的祖父庄宗海是一位贫穷的教书先生，父亲庄鹏云是个勤劳俭朴、忠厚诚实的农民。庄龙甲七岁时跟随祖父在外读私塾，十岁开始在本村初级小学读书，十四岁开始就读廿里堡毓华高级小学。当时学校旁烟草公司厂房林立，收烟点沿胶济铁路比比皆是，英美烟草公司的买办强行廉价收购烟草，出价不准还价，定级不准改级，任意压级压价，独家垄断。尤其是第一次世界大战后，日本公然取代德国侵占胶济铁路，在坊子设立了坊子民政署，日本人还在坊子、潍县车站开设公司、洋行，强买强卖，大肆搜刮；国内军阀混战使无辜百姓家破人亡、流离失所。随着年龄的增长，庄龙甲追求救国救民真理的愿望愈发迫切。

1919年5月，五四爱国运动在北京爆发，很快席卷全国。五四热潮在潍县学生中引起强烈反响，正在毓华高小读书的庄龙甲毅然和同学们加入了游行示威的洪流，深入集镇、农村进行宣传，发动"抵制日货"运动。在这一时期，庄龙甲反帝爱国的思想进一步发展。

庄龙甲（前右二）与省立一师同学合影

1921年初，庄龙甲在潍县赵家文庄村立初级小学当了一名教员，同年秋考入山东省立第一师范学校后，开始接受马列主义思想。1923年夏，庄龙甲经中共一大代表王尽美介绍,加入了中国共产党,从此坚定地踏上了革命之路。由于工作出色,山东省立一师成立党支部后,他担任了第一任党支部书记。庄龙甲领导一师党支部在校内建立了书报介绍社,推荐新书,团结进步同学。他们秘密组织同学阅读《共产党宣言》《国家与革命》《中国青年》等进步书籍和报刊,同时向济南其他学校的进步学生推荐和介绍一些苏俄文学作品。

1924年5月,在济南各界纪念五四运动五周年的活动时,庄龙甲被选为济南学联主席团委员兼秘书股长,积极奔走于济南各学校之间,宣传进步思想,组织进步活动,济南各学校的师生大都热烈响应,唯有齐鲁大学校方以"教会学校不介入政事"为由,不准学生参加。庄龙甲闻讯后十分气愤,以学联代表身份赴齐鲁大学,向校方提出严厉谴责和抗议,校方理屈词穷,无言以对,被迫同意学生参加大会。通过斗争,齐鲁大学的学生受到很大教育和鼓舞,他们纷纷冲出校门,涌向街头,参加纪念活动。

每到学校放假,庄龙甲回家的主要任务也是宣传革命。他经常去的地方是母校毓华高小、文美中学、文华中学、坊子煤矿、坊子火车站以及潍北固堤和潍南茂子庄、南屯、曹庄等。他向人们讲第一次世界大战后的国际国内形势,俄国十月革命的胜利以及应当如何对付帝国主义的侵略野心,想方设法启发大家的觉悟。

1925年,庄龙甲回到潍县发展中共党员,在庄家村建立了潍县第一个党支部,在南屯村建立了山东省第一个农民协会。他广泛发动群众,在农村、工厂、学校等地进行革命宣传,党在潍县的活动迅速开展起来。

1925年3月12日,孙中山先生逝世,国民党潍县区分部在城南廿里堡师范讲习所召开追悼会。潍县南区教育会会长、毓华学校校长刘剑华思想顽固,极力阻挠学生出校。后来有些学生翻墙去参加追悼会,回来后,刘剑华借故开除了带头学生吴宝谋,引起了学生们的强烈不满。为了打击反动势力对爱国进步活动的压制,打开潍南革命运动新局面,庄龙甲联合国民党左派,发动进步学生,举行罢课,揭露刘剑华贪污教育经费的事实,要求将其驱逐。刘剑华恼羞成怒进行报复,又开除了带头闹事的八名学生,解聘左派教师郭伯民。在南区师范讲习所张永和等同志的援助下,斗争取得胜利,刘剑华被赶走。1925年秋,共产党员王全斌出任毓华学校校长,掌握了学校领导权,使这所学校成为党在潍县的活动基地。

庄龙甲特别注意在乐道院工人中培养革命力量,吸收电工牟光仪入党,在乐道院医院工作的傅锡泽等人先后加入共青团或共产党,还有在医院打更的老人、给美国牧师做工的工人等,都成了党的积极分子,积极参加党的秘密活动。庄龙甲还将革命宣传发展到铁路工人中,他回到潍县后积极在胶济铁路潍县站、坊子站的工人中间开展工作,发展党员,建立了坊子铁路机务段党支部,使坊子站成为胶济铁路中段工人运动的基地,也是党组织在济南至青岛之间的秘密交通站。

经过一年多的活动,至1926年春,全县党员发展到近120人,团员200多人,成立党团支部11个。这些组织的建立与发展,为潍县县委的建立打下了良好的基础。

1926年6月，中共潍县第一次党员代表大会在茂子庄村王全斌家的场院屋里召开，到会代表20余人。会议由庄龙甲主持，他向大会传达了中共山东地方执行委员会关于建立潍县地执委的指示，汇报了潍县党组织的发展情况。会议选举庄龙甲为书记，牟洪礼、张同俊、扈梅村为执行委员，王全斌为候补执行委员。大会决定，委员实行分工、分片负责，地执委机关设在潍城东关南大街王全斌家的房子里。

中共潍县地方执行委员会的诞生，是潍坊党组织发展史上的一个新的里程碑。它是山东省境内，除山东省地方执行委员会之外的第一个地方执行委员会，在全省各县党的组织建设中产生了较大的影响，为全省其他地区党组织的建设提供了宝贵经验和发展方向，推动和促进了全省党的组织建设。1927年底，中共潍县地方执行委员会改称中共潍县县委。

在庄龙甲的努力下，中共潍县地执委根据潍县的特点，面向进步学生开展了大量工作。1927年春，在文美中学建立了党支部，牟秀珍任支部书记。在文华中学，进一步扩大了马列主义读书会，读书会将黄埔军校学生黄汝舟寄来的革命刊物和介绍南方革命形势的信件，摘录印成传单，张贴在学校食堂门旁的阅读栏里。1927年春节前后，潍县地执委组织文华、文美中学的团员去农村，向农民介绍南方各省农民运动及俄国十月革命胜利后的农民状况，推动了农民运动的开展。后来随着革命形势急剧恶化，庄龙甲还支持文美中学学生与校方的反动教育作斗争。

1927年初，在庄龙甲的推动下，中共潍县地执委帮助潍南、潍北广大农村普遍建立起农民协会，潍县农民运动不断高涨。农民协会举办农民学校、农民夜校，帮助农民学政治、学军事、学文化。共产党员王全斌自己出资在辛庄盖平房3间，办起平民学校，党员田化宽担任教师，向贫穷农民进行革命教育，传授文化知识。随着农民协会的发展，潍县的农民运动也由抗粮抗税，发展到反对封建迷信、反对封建宗法势力。在潍县革命活动的中心地区曹庄，农民协会砸庙宇、刨桑墩、界石，将地主的土地夺来重新分配。至1927年春夏之间，潍南的东曹庄、西曹庄、狼埠、辛庄、军埠口等村，农民协会普遍发展起来。

1927年，随着国民党反动派发动反革命政变，大革命失败。庄龙甲在潍县为维护统一战线做了大量工作。在国共合作宣告破裂后，他带领潍县共产党员积极筹备武装，建立了潍县的第一支革命武装——潍县赤卫队，开展了夺敌枪、处决反动分子、砸税局、截军粮、抗租抢坡、大柳树暴动等革命活动，撒下了革命的火种，为以后的武装斗争提供了极其宝贵的经验。

大柳树暴动失败后，形势急剧恶化，国民党反动派开始直接屠杀共产党人。此时庄龙甲因积劳成疾，肺病迅速加重，终于接受了县委的决定，到安丘杞城村共产党员的秘密联络点傅锡泽药房去休养治疗。

1928年10月10日，正在养病的庄龙甲遭到敌人抓捕，被押送到国民党潍县南流区。敌人对他施以惨无人道的刑罚，用细绳拴住他的两个拇指吊在梁上。在敌人的酷刑面前，庄龙甲毫无惧色，他响亮地向审问他的敌人宣告：共产党人不怕死！怕死就不是共产党！10月12日，正逢南流大集，国民党反动派妄图利用人多的机会造成震慑，将庄龙甲押赴刑场杀害。在生命的最后时刻，他厉声怒斥刽子手："今天你们杀了我一个，明天会有千百万的人站起来杀你们！你们的日子不会太长久了，人民革命的烈火一定要把你们这些反动派彻底埋葬！"高喊着"共产党万岁"的口号，庄龙甲英勇就义，年仅25岁。

二、鲜为人知的红军名将：刘英

在共和国的烈士英名录里，有这样一位鲜为人知的红军名将：他曾先后入苏联基辅红军军官学校、维斯特拉高级军官学校学习，归国后在中共中央从事保卫工作，期间奉周恩来之命，赴青岛铲除叛徒。后又历任红三十二师师长、红一师师长、红七十三师师长等职，在双桥镇战斗、豆腐店伏击战等战役中大放异彩。不幸的是，1932年11月，他在武汉遭反动派逮捕杀害，让人惋惜不已。这位红军将领就是刘英。

刘英原名马宗显，曾用名马国宪、马尔赛夫、张英，1902年1月20日出生于山东潍县（今潍坊市寒亭区）双杨店镇马家村的一个贫苦农民家庭，其父母靠常年租种地主的几亩薄田来维持最基本的生活，日子过得相当艰辛。其父共育三子，刘英排行老二。

在饥一顿饱一顿的艰苦生活中，马宗显慢慢长大了。他8岁时，一生羡慕读书人的刘父决定让聪颖的二儿子读点书、识点字，免得日后被人欺负，也让刘家有个光宗耀祖的盼头，遂咬咬牙，四处借钱，把马宗显送进了本村的私塾。懂事的马宗显深知学习机会的来之不易，因而格外用功，各门功课都取得了优异成绩，甚得老师赞许。

马宗显体格健壮，生性豪爽，闲暇时还喜欢向懂点武术的人讨教，练就了一身武功。稍后马宗显入高里学堂学习，在努力钻研各项专业知识的同时，他还广泛阅读进步书籍，逐步确立了报国救民的伟大志向，最后做出了影响其一生的重要选择：军事救国。1922年，怀着满腔报国豪情，马宗显毅然投笔从戎，参加了冯玉祥的西北军。

在军队里，马宗显很快以其聪明勇敢、麻利干练而被提升为中尉排长。1925年夏，为了改造西北军，提高战斗力，冯玉祥挑选了一些有前途的青年军官，分别送到日本和苏联留学，马宗显亦在被选拔之列，与郝鹏举、胡运泰、李汇泉、李海、师哲等人一起，被送入苏联基辅红军军官学校学习。

基辅红军军官学校共有学员2000余名，苏联本国学员占多数，中国学员除冯玉祥的国民一、二军派来的以外，还有黄埔军校等外来的，共五六十人编一个班。学校开设步、骑、炮、工兵等科。到校的中国学员经过几个月的集中学习后，根据每人志愿分到各科学习，马宗显被分配到了骑兵班。

在基辅红军军官学校，除了军事课和文化课以外，马宗显还系统学习了马克思列宁主义、政治经济学、哲学、时事政治等课程，后来又加上了《联共（布）党史》。这里的一切都让他感到耳目一新。经过一年多的军校学习，马宗显树立了共产主义的理想和革命人生观，有了阶级觉悟，开始学会从阶级立场、阶级观点、阶级利益观察问题和分析问题。1926年11月7日，表现优异的马宗显被中国共产党旅苏支部吸纳成为一名中共党员，正式投身到到革命的滚滚洪流中。

1927年，马宗显以优异成绩毕业，随即被调至维斯特拉高级军官学校深造。在这里，他既学得了丰富的军事知识又练就了一身好骑术和一手好枪法，50米以内用手枪射击百发百中，翌年底回国后，马宗显被分配至中共中央保卫部工作，改名张英。经过长期锻炼，张英不仅政治素质好、武功强，而且反应机灵、办事果断，遂被中央赋予保卫周恩来安全的重任。

1928年冬，曾任中共山东省委秘书长和组织部长的王复元（系1922年中国共产党成立初期的党员）及其兄王用章（曾任省委交通员）叛变投敌。王复元后被委以国民党济南党部民众训练委员会干事、胶济铁路特别党部特派员等职，带领捕共队抓捕了山东省委秘书长何志深、省学联负责人朱霄、省委机关干部杨一辰及当时在济南开展活动的淄博地区党组织负责人邓恩铭等17位同志，使得中共山东省委机关及各地党组织遭到严重破坏。为保存和巩固山东党组织，主持中央特科工作的中央军委书记周恩来，决定派张英到山东协助锄奸。由于周恩来曾化名"伍豪"，因此，张英被称为"伍豪之剑"。

接受任务后，1929年3月，张英装扮成艺人，与助手王昭功（王兆恭）由上海启程，乘坐轮船来到青岛。二人混过青岛海关人员的检查，到达大庙山附近的客栈住下，当晚就与山东省委、青岛市委负责人王进仁、党维蓉、牟洪礼等接上了关系。随后，党组织经过仔细研究，决定由张英、王昭功、王永庆、王科仁4人组成一个特工队，张英任队长，共同开展除奸工作。按计划，王昭功先去潍县，约上既有丰富斗争经验又熟悉情况的王永庆去济南，做好除叛的掩护和准备工作后，张英再去济南。

不料，王昭功刚到济南就不幸被捕，山东省委、青岛市委遂决定派张英立即赶赴济南。当时，济南在敌人严密控制之下，盘查森严，单身汉不能租赁客房。青岛市委遂派山东省委委员、工人运动部长傅书堂的大妹傅桂兰，化名单娟，与张英假扮夫妻，协助张英执行除叛任务。未曾想，王复元、王天生（王用章叛变后改名王天生）在破坏省委机关秘书处时，意外截获了张英写给省委的密信，并顺藤摸瓜，逮捕了刚到悦来客栈的张英"夫妇"。事后，敌人又连续抓走了前来接头的郭金祥、姜公璞等十余位担负除叛任务的特工成员，使在济南铲除王复元、王天生的计划严重受挫。

敌人把张英押至第三分局三元宫警察局内，国民党济南市党部主任黄僖棠亲自出马，妄想以金钱美女、高官厚禄引诱、劝降，但张英丝毫不为所动，坚不吐实。"黄僖棠恼羞成怒，声嘶力竭地吩咐刽子手用刑，先是压了3次杠子，然后打了400大鞭"。张英被打得昏死过去，但敌人一无所获，最后只得将他押回看守所。无奈的敌人又向傅桂兰下毒手，把她打得皮开肉绽，但她始终沉着坚定，不吐一句真言，一口咬定自己的名字叫单娟，张英是自己的丈夫。

折腾了一天，敌人用尽了各种手段，还是没能使张英屈服。无计可施的黄僖棠遂决定先把张英关起来，第二天再接着审问。这天夜里，机智的张英借口上厕所，乘守警困怠之机，用特工人员事先准备好、匿藏于鞋底的细铁丝打开镣铐，然后越过围墙，躲进一个无人的大院里。"拂晓，又藏在一个不常用的厕所踏板下面，呆了一天，直到夜深人静，才逃出院子，洗净身上的污泥、血迹，跑到在济南开商号的老乡家里，借了钱，换了衣服，返回青岛"。

张英脱险后，中共青岛市委安排他养伤。期间，打入敌人内部的中共青岛市委委员、宣传部长徐子兴获得了王复元、王天生的照片，并向市委提供了丁惟尊、孙秀峰两人从动摇革命到叛变投敌的情报。丁惟尊新婚的妻子傅玉真（共产党员）也向青岛市委检举了丁惟尊叛变投敌、出卖同志的罪行。经过研究，山东省委、青岛市委决定立即采取果断措施，处决叛徒丁惟尊，并把这一任务交给了张英、傅玉真。

8月13日晚，经过周密计划后，张英约丁惟尊到海边栈桥去谈话。当时，已睡下的丁惟尊做贼心虚，听说中央代表找其谈话，不愿意前往。傅玉真见状，极力劝其赴约，"丁惟尊也想趁着与张英谈话的机会，搞到中共的机密情报，向主子请功"，遂穿好衣服，跟着张英悄悄到了前海沿。刚交谈几句，老奸巨猾的丁惟尊从张英的言语中觉察到有异样，感到不妙，扭头就向滋阳路口跑。就在这一刹那间，张英迅速掏出手枪，只听得"呼"的一声，叛徒应声倒地。

丁惟尊被击毙的消息传开后，王复元吓得魂不附体，他和王天生密谋，决定暂时隐匿济南，躲避中共锄奸队的打击。但是，爱财如命的王复元惊恐之下忘记取回在青岛订做的西服和皮鞋，决定秘密潜到青岛取西服、皮鞋。

徐子兴事前就掌握了王复元的情况和动向，遂向青岛市委做了汇报。市委经过研究，决定日夜监视火车站、衣店和鞋店，并组成情报秘密传递线。当获知王复元于8月16日上午已到达青岛的情报后，青岛市委书记党维蓉马上指示张英、王科仁进入现场待命。

8月16日下午6时，王复元乘人力车去四方路"日需实业所"拿他订做的西服，接着又乘车到中山路108号"新盛泰"皮鞋店取皮鞋。待王复元溜进鞋店，早已守候在鞋店附近的张英忙示意王科仁紧跟王复元进店，自己则站在鞋店门前为王科仁作掩护。稍后，就在王复元拿鞋试穿时，王科仁向其胸部连发两枪，王复元应声倒地。恐其不死，王科仁又向其头部补了两枪，后在张英的掩护下安全撤离。

张英、王科仁在繁华闹市铲除大叛徒王复元，消除了其对党组织造成的严重威胁，使处于困难中的党组织获得了稳定和整顿机会，受到党中央的褒奖。

王复元毙命后，张英又奔赴济南，寻找机会铲除叛徒王天生，终因王天生行踪诡秘，张英多次探寻均未果，遂回到中央复命，开始了新的革命征程。罪大恶极、四处逃匿的王天生在解放后最终被人民政府依法逮捕，死于济南监狱中。

1929年12月16日，张英奉中央指示到达河南商城南部苏区，改名刘英出任刚组建的红三十二师师长。24日，部队刚组建不久，刘英便率领全军直逼商城。经过冒雪激战，红军最终攻克商城，消灭国民党军1000余人。翌年4月，刘英调到徐向前为副军长兼师长的红一军任一师参谋长，协助徐向前挥师京汉线。同年10月，刘英接任徐向前的一师师长职务，并当选为红一军前委委员。

遵照中央军委指示，1931年1月中旬，红一军在麻城县福田河与红十五军胜利会合，合编为中国工农红军第四军，归鄂豫皖特委直接领导。红四军军长为旷继勋，政委余笃三，参谋长徐向前，全军共1.2万余人，编为十、十一两个师，刘英担任第十师副师长。

2月中旬，根据敌情变化，红四军决定采取诱敌出动，于运动中歼敌的作战方针，乘胜向京汉路信阳、广水段出击，并大获全胜。红军在京汉线上的作战行动，使国民党军大为震惊，忙派出大量兵力企图南北夹击红军。

3月8日，国民党军第三十四师师长岳维峻率部进抵双桥镇地区，态势较为孤立。红四军参谋长徐向前根据当前态势，决定以十师从北向南进击环水西岸之敌，其三十团正面突击，二十九团从双桥镇西南方向迂回，断敌退路，二十八团位于双桥镇以北之店湾，作预备队；以十一师从东向西进击环水东岸之敌，该部三十一团正面突击；罗山独立团向双桥镇东南方向迂回，断敌退路。

3月9日拂晓，待一切准备就绪后，红军发起进攻。双方展开激战。

激战中，红十师师长蔡申熙身负重伤，刘英接替其指挥部队鏖战。战到中午，敌人已疲惫不堪，刘英遂命预备队出击。二十八团、三十三团接令后，以迅猛之势，对敌猛烈分割、穿插，直扑双桥镇内。"敌人的指挥中心顿时瘫痪，很快被分割全歼"。就这样，前后历时7个多小时，我军共毙敌1000余人，俘敌5000多人，缴枪6000余支，山炮4门，迫击炮10多门，师长岳维峻也被红军二十九团活捉，取得了粉碎敌第一次"围剿"后实施攻势作战的空前大捷。

经此一战，刘英声名大振，渐被徐向前等红军领导人所关注。4月，红十师和红十一师猛攻独山敌据点，刘英又亲自指挥红二十九团，直扑独山镇。经4小时激战，歼敌一个团和一个营，毙伤俘敌2000余人，缴枪1200余支。5月9日，刘英还率红十师在辛集北之浒湾，痛击企图进占辛集的敌五十三师，苦战一夜，歼敌近千，并乘胜攻克困山、胡山、雾山、丘家店等据点。不久，刘英正式担任红十师师长，率领红十师于5月底围攻营安附近敌据点桃花镇，于十里铺伏击黄安援敌1个旅，歼敌近2个团。

8月初，刘英率部队南下，参加了蕲（春）、黄（梅）、广（济）地区的作战。18日，遵照上级指示，刘英率部冒着酷暑急行军60公里，突然奔袭蕲春城附近的漕河镇，仅一小时即全歼敌人新八旅，活捉旅长王光宗以下1600余人，缴枪1200余支，并乘胜进占浠水、广济县城，逼近武穴。9月1日，在红十一师的配合下，刘英所部又对洗马畈的敌十军发起攻击，一举破敌阵地，歼该部3个团的大部，缴枪4000余支，俘5000余人。10月，红二十五军成立，刘英调任红二十五军七十三师师长，参加了商（城）潢（川）、苏家埠和潢（川）光（山）等3次战役。他作战英勇顽强，指挥机智果断，屡建战功。

1932年1月13日，刘英率部东进，在商城、潢川一带的豆腐店，伏击蒋介石嫡系部队第二师。该师以装备好、作战凶猛著称。面对强敌，刘英毫不畏惧，带领红军将士抡大刀，拼刺刀，硬是将其打败，毙、伤、俘共计4000余人，缴枪2000余支。不幸的是，在战斗即将结束时，刘英头部被流弹击中，伤及语言神经，无法说话，遂被送往中央分局疗养。

这年6月，国民党军队以30万人的兵力，对鄂豫皖革命根据地发起"围剿"，红四方面军转移至外线作战，党组织将在疗养的刘英送往上海。10月，途经武汉时，不幸被曾俘获过的国民党士兵认出告密，遭敌逮捕。在狱中，刘英受尽酷刑，仍坚贞不屈，最终英勇就义于武汉城下，时年30岁。

刘英牺牲后，其家人失去支柱，生活一度举步维艰。据邻居回忆，刘英在除掉叛徒王复元后，曾回家劝妻子张氏改嫁，但是他妻子始终没有改嫁，而是和身患残疾、30多岁尚未成婚的儿子马玉泉相依为命。因为刘英几易姓名，导致家人不知其下落，其妻儿直至去世也不知道刘英是革命烈士。

幸运的是，党史工作者辗转周折历时20年，最终查清了刘英的全部历史。1980年12月19日，中央军委办公厅的"军办信发字（80）第320号"文件肯定了刘英（张英）的革命业绩，称他是鄂豫皖红军的一位优秀指挥员，把一生献给了伟大的共产主义事业，为中国人民的革命斗争立下了不朽的功勋。在英勇牺牲50年后，刘英终被追认为革命烈士，徐向前亲笔为其题写碑文："赤胆忠心刘英烈士千古"，家乡举行了隆重的纪念活动，告慰了九泉之下的烈士。

三、谍海英雄：卢志英

卢志英，又名卢子江、卢育生、卢涛、卢宗江、周志堃、周育生。1905年出生在今峡山生态经济开发区太保庄街道望仙埠村一个普通的农户家庭。幼年时，他读过私塾，后转入本县乙种蚕桑实业学校读书，18岁时到东北去当兵，考入绥宁镇守使署军官讲习所，毕业后分配到奉系东北军。第一次国共合作开始后，南方革命形势的发展吸引着他，卢志英毅然脱离军阀部队，只身南下，寻求革命真理。

1925年，卢志英加入中国共产党。1927年8月，他到北京从事地下工作。在北京大学、清华大学等校旁听，并坚持自学英、法、德、日语。1929年，卢志英在上海中共中央军事部做情报工作。1930年到中共南京市委工作。1931年九一八事变后，卢志英被派去西安争取杨虎城将军，发展党的统一战线。1932年3月，又被派往江西德安国民党军莫雄部任主任参谋，从事情报工作。

1934年9月下旬，蒋介石在庐山牯岭召开重要军事会议，具体策划和进一步贯彻其所谓"铁桶围剿"的方针，这是由法西斯德国顾问提出来的。计划由150万大军包围以瑞金为中心的革命根据地，采用突然包围的方法，包围半径距瑞金为300华里。地图上划分了编了号的格子。某个部队，某个单位，在何时何地必须到达包围地点……围剿中的火力布置、粮草、交通、电讯、医疗、药物、弹药等都有详细的部署。会议结束的当天晚上，因"剿共有功"，被蒋介石特邀参加会议的德安专区保安司令莫雄，回到司令部后把会议文件全部交给了卢志英。

文件拿到后，卢志英、刘哑佛和项与年先迅速将其中的要点以特急电报发往瑞金，接着连夜用密写药水把情报上的敌兵力部署、火力配系、进攻计划、指挥机构设置等要点逐一密写在四本学生字典上，直到天色吐白才将整个"铁桶计划"密写完毕。他们决定由会讲客家话的项与年负责送出情报，经过艰难险阻，这份情报终于火速交到周恩来手中。

周恩来马上命令红军作战情报部门立即将4本密写字典复原成文字图表，认真进行分析研究。10月10日中央发布了战略转移的行动命令，中央红军按"铁桶计划"的提示，赶在敌人包围最后合拢之前，奇迹般成功地跳了出去，开始了举世闻名的二万五千里长征。毛泽东率中央红军浴血奋战，突出敌人合围，巧妙摆脱了30万敌军的围追堵截。在长征途中，毛泽东谈到这份重要情报时曾说，搞情报的同志是有功劳的。

七七事变后，卢志英接受了组建上海地下抗日军事情报网的重任。他利用会日语的有利条件，取得日军驻吴淞海军司令保岛的信任，接着在提篮桥监狱对面开设起沪丰面包厂，并附设"大中华咖啡馆"，搜集日军情报，向新四军输送药物、医疗器械和枪支弹药。

1938年后，卢志英化名周志堃，奉命于宁沪一带，发动地下武装，组织抗日游击队，有力地配合了陈毅、粟裕同志领导的著名的黄桥战役。战役后组织起苏北联合抗日部队，他亲任副司令兼参谋长，上属陈毅直接领导，陈毅司令曾称赞"周志堃是个不可多得的军事家"。

1942年1月，卢志英在盐城面见新四军政委刘少奇，接受了去敌占区建立一个独立军事情报系统的新任务，复回上海。他利用与保岛的关系，仍以沪丰面包厂厂长的身份打入伪军警、特务机关，搜集各种情报。1945年日军投降，他奉命立即接管上海。由于他的工作，保岛率先将海军司令部全部武器和军用物资交他转运新四军。

解放战争期间，卢志英在宁沪杭一带领导建立了30多个地下军事情报小组，并亲自打入国民党军统、中统特务机关，担任中统上海沪东区副主任，将国民党的兵力部署、武器装备等各种情报源源不断地送往解放区。

1947年3月，因叛徒张莲舫出卖，卢志英不幸于上海被捕。妻子张育民、儿子卢大容也相继入狱。蒋介石大喜过望，他一方面犒赏中统局上海办事处 400 两黄金，一方面指示中统局正副局长亲自出马，时而诸般酷刑相加，时而以高官厚禄相许，时而以爱妻娇子的生命威胁。然而，卢志英富贵不淫，威武不屈，视死如归。他对妻子说："敌人企图用夫妻、父子之情软化我们，但他们不懂，人类还有一种更崇高的感情，那就是共产主义理想，为了这个理想，虽粉身碎骨，也义无反顾。"

1948 年 12 月 27 日，在革命即将胜利之时，卢志英在南京雨花台英勇就义，年仅四十二岁。

新中国成立后，毛泽东同志亲自为卢志英签署了中华人民共和国第 60 号烈士证书。

2012 年国庆节期间，志英广场在卢志英的故乡峡山区太保庄街道望仙埠村落成。卢志英，这位新中国建立前在中国共产党隐蔽战线上奋战 20 余年的英雄战士，用生命谱写了革命的光辉华章，他的精神将永垂不朽！

第二节　民族复兴担道义

一、威震中原的女将军：陈少敏

陈少敏，原名孙肇修，1902 年出生于寿光孙家集镇范于村。在思想进步的父亲支持下，她没有按照旧俗缠小脚，而是率先留了大脚。后来父亲过世，家境困难，她不仅帮母亲下地干活，还到集市上卖菜、卖烧饼。有人嘲笑她"女人留大脚干粗活"，她说："男女一样的人，凭力气挣饭吃，有什么丢人？"后来她到美国人在潍县办的文美女中读书。共产党人庄龙甲经常到学校宣传马克思主义，陈少敏成为学校最早参加共产主义青年团的人，她还和同学们发起了反抗反动教育的罢课运动。1928 年 11 月，陈少敏成为中共党员。

陈少敏

1930 年春，组织上交给陈少敏一项工作，让她随同中共山东临时省委书记任国桢在青岛做地下工作。由于白色恐怖环境下，青岛街面上租房子的都写着"没眷属不租"，为了掩护任国桢，组织安排陈少敏与任国桢假扮夫妻，协助开展工作。在共同的战斗中他们患难与共，决定正式结为夫妻。后来由于情势越来越危险，中央决定调他们到中共中央北方局工作。年底，他们到达北方局所在地天津。1931 年九一八事变后，任国桢以特派员的身份到山西建立抗日武装。陈少敏因生孩子没能一同前往。任国桢刚到太原，便因叛徒出卖而被捕，惨遭杀害。孩子出生后没多久陈少敏就把她送回寿光老家，交给母亲抚养。没过几个月，孩子也因病夭折了。接连失去亲人的沉重打击没有压垮陈少敏，她没有沉溺于自己的悲痛中，从此将全部身心都投入到了革命事业当中。

1932年，陈少敏任中共天津市委秘书长、妇女部长，同年10月被捕，1933年1月获释，调任中共唐山市委宣传部长。1935年5月，陈少敏任中共冀鲁豫特委组织部长，后任特委副书记。这时期，她化名"老方"，在行李包里装上简单的药品和几本圣经，假扮成医生和传教的教徒，四处发动群众组织抗日武装。

1936年12月，陈少敏被调到延安中央党校学习。到延安后，毛泽东同志当面交给她一项重要的任务，让她护送徐特立摆脱国民党的阻挠回湖南发动抗日工作。陈少敏爽快地答应下来，她乔装打扮，一路随机应变，安全护送徐老到长沙，成功地完成了这项任务。返回延安后，毛泽东亲自送她去中央党校，并对党校的负责人说："给你们送来个好学员，白区的红心女战士，无产阶级的贤妻良母——陈少敏同志。"

1937年底，组织调派陈少敏随曾山到江西建立省委，主要负责妇女统战工作。1938年5月，她奉命调任河南省委组织部长、洛阳特委书记，直接领导抗日武装斗争。1939年6月，陈少敏带领部队与李先念的队伍会师，在河南京山县的养马畈村召开了鄂豫抗日游击战争史上具有重大意义的养马畈会议，会议决定建立新四军豫鄂独立游击支队，李先念任司令员，陈少敏任政治委员，他们浴血奋战，将游击队发展成近万人的部队。中共鄂豫边区委成立后，陈少敏任代理书记，主持党委的全面工作。1940年1月，部队统一扩编为新四军鄂豫挺进纵队（1941年初皖南事变后改编为新四军第五师）。

陈少敏亲自带领部队在双河车站附近伏击日军巡逻列车，全歼车上日军。接着，反击国民党顽固派鲍刚所部，取得彻底胜利。陈少敏主持鄂中党、政、军全面工作。她走遍了鄂中十几个县，成功地领导了"三三制"民主政权建设，并与国民党第五战区豫鄂边区游击独立第一支队司令戴焕章建立了统战关系，大大减轻了鄂中抗日根据地的军事压力。在李先念、陈少敏领导下，鄂豫边区抗日根据地从开辟到发展的6年时间里，共经历大小战斗1000多次，消灭敌人5万余人，抗击了周围15万日军和8万多伪军的进攻，从日军铁蹄下解放出59个县1300多万人口，建立了38个县的抗日民主政权。陈少敏名扬整个中原。有的指战员从群众送来的慰问品中看见边区生产的女将军牌香烟，久久凝视着印在烟盒上的跃马举枪的新四军女将军形象，都说这就是中原人民爱戴的陈大姐。解放后日军战犯访华团来华时，还特地提出要见见这位当时在鄂豫边区赫赫有名的女将。

由于在抗战中战功卓著，陈少敏在党内外和群众中树立了很高的威望。1945年6月，在党的第七次全国代表大会上，陈少敏被选举为中共中央候补委员。七大共选举中央委员44人、候补中央委员33人，其中女委员仅有三人，陈少敏是其中之一，另两位分别是蔡畅和邓颖超。

中华人民共和国建立后，陈少敏任中华全国总工会副主席、全国纺织工会主席等职务，曾发现和培养了郝建秀等女工典型。

1977年12月，陈少敏在北京去世。经中共中央批准的悼词这样评价她的一生："她为恢复和建立豫鄂边敌后党的组织，创建革命根据地，发展中原敌后游击斗争，做出了很大的成绩，是我党长期主持一个地区全面工作和直接领导武装斗争的少有的女领导干部。"

二、农家院中走出的"马司令"：马保三

马保三，原名马鉴堂，曾化名张炳炎，山东省寿光市牛头镇村人。1887年，马保三出生于一个农民家庭。10岁时入村塾读书，他勤于自学，善于健谈，主持正义，勇于斗争。1921年，国民党县长带领武装人员来到牛头镇，划界插标，硬要掠夺400亩地作为"学田"。马保三带领村民与官府、豪绅进行了坚决斗争。

1922年夏，马保三与从山东省立第一师范毕业返乡的进步青年张玉山相识，在张玉山的启发、引导下，阶级觉悟逐步提高。

1924年8月，经张玉山、李铁梅介绍，马保三加入中国共产党，成为中共寿光地方党组织建立后发展的第一批党员。为筹集党的活动经费，他不惜卖掉一个自家场院。同时，他积极建立农村基层组织，在本村发展了7名党员，建立牛头镇第一个党支部，并担任支部书记。

1926年8月，中共寿光地执委成立，马保三任执委委员，负责农运、宣传等工作。1926年10月，马保三任寿光县农民协会主席。他经常到各村发动农民，组织农会，积极开展反对封建军阀和苛捐杂税的斗争。

1927年4月，蒋介石叛变革命后，为躲避敌人的搜捕，他出走东北，辗转到朝鲜仁川，在那里与原在朝鲜的中国同志组建了中华劳动组合会，积极开展抗日活动。

1933年7月，马保三由东北回到寿光，不久因叛徒出卖而被捕，开始关在县城监狱。不久，马保三被解往济南，关押在伪省府监狱。在那里敌人对他严刑拷打，但他坚贞不屈，严守党的机密，保持了一个共产党员的高尚气节。1934年春，通过党组织营救，加上敌人无可靠证据，马保三被保释出狱。

马保三出狱后，因当时寿光党组织遭到严重破坏，一时没有接上组织关系，但他仍同过去一样，积极领导群众进行革命斗争。伪县长宋宪章迫于群众压力，任命马保三担任了湖东乡乡长。

1937年卢沟桥事变后，在中共寿光县委领导下，全县掀起了抗日救亡运动。马保三以湖东乡乡长的合法身份，举办抗日民众训练班，积极投入组织抗日武装的准备工作。一个多月的时间，他跑了8个乡，串了几十个村庄，组织了七八十人的队伍，为后来的武装起义培养了骨干，打下了基础。

1937年11月，中共寿光县委在马保三家召开了县委扩大会议。会议传达了省委

关于分地区发动武装起义的指示，决定以牛头镇为起义中心，起义后部队番号为"国民革命军第八路军鲁东游击队第八支队"，马保三被推举为支队长和八支队军政委员会成员。1937年12月29日，中共鲁东工委和寿光县委在寿光县牛头镇组织领导了抗日武装起义，建立了八路军鲁东游击队第八支队。

1938年1月，红军干部韩明柱、鲁东工委委员杨涤生来到牛头镇，加强了八支队的领导力量。马保三虚心向他们学习，与他们密切配合，相互协作，使这支新生的人民军队得到迅速成长壮大。2月5日，马保三、韩明柱亲自组织指挥的三里庄伏击战一举击毙日寇官兵三名，缴获汽车一辆及一批弹药等军用物资，取得部队组建以来第一次对日作战的胜利。2月23日，发动小韩庄战斗，收编67名伪军，声名鹊起。

1938年3月，鲁东工委决定，调八支队东去昌邑，与七支队会师，扩大武装，协同作战。马保三以大局为重，坚决服从决定，并在出发前为适应东进会师的需要，积极地对部队进行教育和整编。4月，八支队到达潍北与七支队合编，组成八路军鲁东游击指挥部，统一指挥七、八支队，马保三任指挥，韩明柱任副指挥。合编后，应胶东特委邀请，马保三率部继续东进，帮助山东抗日救国军第三军开辟蓬（莱）、黄（县）、掖（县）地区抗日根据地。在马保三的指挥下，鲁东游击队与第三军一起，智取黄县城，解围黄山馆，收编龙口公安局和水上警察队，名声大振。部队很快发展到6000多人，拥有钢枪5000多支。5月12日，在第八支队队部，马保三主持召开了第三军、第八支队和第三支队负责人联席会议。会议决定第三军、第八支队、第三支队组成胶东抗日联军指挥部，由马保三任指挥，林一山任政治委员。同时决定成立前敌指挥部，韩明柱任指挥。会后，前敌指挥部率领鲁东游击队一部向掖县进发，攻克白沙，再夺夏丘堡，以解三支队之围，将掖县、黄县、蓬莱等县抗日根据地连成一片。

1938年7月，根据苏鲁豫皖边区省委指示，马保三率部回师邹（平）长（山）地区，与清河三支队并肩作战，巩固扩大清河地区抗日根据地。10月，八路军山东人民抗日游击队第八支队主动出击周村城日军，战果显著，创造了攻城范例。11月，在长山蒙家庄战斗中，韩明柱不幸壮烈牺牲。12月，马保三按照省委指示，率领部队越过胶济铁路挺进鲁中，参与创建沂蒙山区根据地。下旬，部队被改编为山东纵队第八支队，马保三任支队司令员。从此，在寿光大地上揭竿而起的八支队，成为驰骋鲁中抗日战场的正规八路军。在八年的抗日战争中，八支队与日伪军作战200余次，计毙伤俘日伪军10000多人，为全民族的抗战建立了不朽的功勋。

1940年7月，在沂水、临朐边境的青驼寺召开了全省各界人民代表会议，马保三被选为山东省临时参议会副议长。从此，他离开多年的戎马生活，开始做地方工作。当时，省临时参议会代行省人民代表大会的职权。正议长范铭枢是党外人士，年高多病，因此一些重要工作都由马保三主持。根据党的政策和解放区的实际情况，他领导着参议会的人员，制定了民主选举法、双减法、婚姻法、财经法，使各项工作做到有法可循。为建立巩固的革命根据地，他亲自到基层帮助建立各级政权，选举县长、区长,并发动群众开展大生产运动,进行生产自救,从而粉碎了国民党的经济封锁,有力地支援了前线所需的作战物资。

1949年青岛解放后,马保三任青岛市市长。进入城市后,他牢记党的教导,艰苦朴素、廉洁奉公、严于律己,自觉抵制资产阶级糖衣炮弹的袭击。他生活十分俭朴,吃饭从不超过供应标准,秘书看到他的被单破了,要给他添件"太平洋"被单,经他耐心说服,婉言谢绝了。离开青岛时,市委送给他两个皮箱、两个木箱,他告诉秘书说:"进青岛时带的什么,走时还带什么,多一件也不要。"随即要秘书把箱子送还市委。在他的教育和影响下,当时市政府的绝大多数干部能够做到艰苦朴素、公正无私、身居闹市而一尘不染。

1950年4月,马保三满载人民的盛誉离开青岛到省里工作,同年当选为山东省各界人民代表会议协商委员会副主席。1955年当选为山东省政协副主席,1956年当选为中共山东省委委员、任统战部部长,1958年当选为全国政协委员,1959年继续当选为山东省政协副主席,1963年继续当选为中共山东省委委员。

1964年2月15日,马保三积劳成疾,不幸病逝于济南,享年77岁。

马保三的一生,是革命的一生,战斗的一生。在青年时期嫉恶如仇,敢斗、善斗;在壮年时期杀敌报国,驰骋疆场;在老年时期,投身建国大业,呕心沥血,为党的事业贡献了毕生精力。他那不朽的功绩,将永垂青史,他那顽强的革命精神和崇高的革命品德,将永放光辉。

三、驾机起义创建航校:刘善本

刘善本,1915年生于安丘泊庄村(今属昌乐县鄌郚镇)。初中毕业后,为了逃避家庭包办婚姻,他趁夜只身进京,以优异成绩考入北大附中。在校期间,他不但认真学习,还曾参与北平进步游行活动和附中师生员工的护校斗争。

1935年7月,刘善本以优异成绩高中毕业,考入国民党中央航空学校。他先后在中央军校空军入伍生营、洛阳航校、杭州笕桥航校、成都空军军官学校轰炸科、空军高级机械学校接受初、中、高级飞行训练。学习结束后,他先后任准尉飞行员、中尉飞行员。1941年5月,随航空第八大队撤退至兰州五里铺机场进行掩蔽训练。其间,刘善本曾与同学共赴兰州八路军办事处,要求参加八路军,打击日寇。因担心影响国共合作,负责人伍修权劝其暂缓行动。

1943年2月,航空八大队奉命开辟高原空军基地。刘善本不畏艰险主动请缨,领航侦察青海玉树新航线获得成功，继而又开辟新疆、康藏高原新航线。8月，刘善本在《中国空军》杂志发表的《飞机上高压氧气装备》和《混合气浓度表》等航空科技论文获金奖，受到八大队传令嘉奖。当月入选赴美重型轰炸机大队，到美国道加拉斯空军高级飞行学校学习B-24式重型轰炸机的驾驶与领航。

1945年1月，国民党以赴美培训的重轰炸机大队为基础，成立新的航空第八大队，刘善本被编入第35中队，晋升为上尉一级飞行员。5月，他驾美制B-24型飞机回国。11月，在奉命到四川接运飞行员家属的任务中，飞机遇险，刘善本果断指挥排除险情，安全返航，受大队通令嘉奖。12月，他兼任第三科（作训科）飞行参谋，不久代理八大队第三科科长。

抗日战争胜利后，国民党政府一边颁布停战令，一边秘密调兵，准备发动内战。刘善本暗下决心，投向延安，投向共产党。1946年6月26日，他主动接受任务，驾驶530号美制B-24式重型轰炸机由昆明向成都运输内战物资。途中，他机智勇敢、沉着指挥，避免了气候、地势等不利因素，于下午3时安全降落在延安机场。刘善本和同机到达的10名人员受到中共中央毛泽东主席、朱德总司令、刘少奇副主席、任弼时秘书长和延安党政军民各界的热烈欢迎。7月2日晚，刘善本在延安新华广播电台发表《赶快退出内战漩涡》的演说。7月5日，中共中央机关报《解放日报》头版头条以《决心退出内战漩涡 刘善本上尉驾机飞延 号召空军人员拒运军火拒炸同胞》为题，报道起义消息。

在延安，刘善本接受八路军总部任命，担任延安总部航空教员。不久，他奉命赴东北参加全军第一所航校建设。1946年9月25日，刘善本离开延安启程。1947年1月，刘善本抵达哈尔滨，任东北民主联军航空学校副校长，兼任领航班主任教员。

1947年8月，航校接受紧急任务，为所辖一总队运送作战地图，刘善本主动请战，以高超的飞行技术，圆满完成任务，为部队的秋季大反攻立了第一功。

1948年11月，东北全境解放，刘善本奉命率接收小组先后到锦州机场和沈阳北陵机场接收飞机7架。其中锦州机场的C-47巨型运输机多处受损，修复后在无挡风玻璃的情况下，他冒着生命危险，毅然驾机飞回航校。

1949年1月，刘善本奉命到北平南苑机场参与接收飞机，先后抢救出飞机10架。当月，他被任命为航校第一大队飞行教育主任。4月，中共中央组织部电文批复东北局政治部组织部，同意刘善本加入中国共产党。6月，军委航空局任命刘善本为中国人民解放军航空学校飞行第一大队大队长。8月，他接受毛主席、朱总司令交办的特殊任务，指挥三架运输机从北平南苑机场经西安、兰州至酒泉，给第一野战军第一兵团运送军饷。

9月21日，刘善本出席了中国人民政治协商会议第一届全体会议，被选为第一届全国政协委员。24日，他与傅作义、邓兆祥等人一起出席了毛泽东主席为国民党主要起义人员举行的招待宴会。25日，刘善本在全国政协大会上作《建设人民空军》

的简短发言，次日被《人民日报》刊登。26日，新疆和平解放，他奉命率三架C46飞机经甘肃酒泉赴新疆哈密，不久，又驾机送王震司令员等赴疆。

在10月1日的开国大典上，刘善本担任领队机长，率17架飞机，26次飞临天安门上空，接受开国领袖和首都人民的检阅。此后，连续四个年度的国庆节，都是他率领大机群飞临天安门上空，代表空军将士接受党和人民的检阅。

1949年11月，中央军委在东北航空学校的基础上重新组建新航校，刘善本被任命为第一航空学校校长。1950年5月，他任华山部队（轰炸团）队长。6月，中央新组建空军混成四旅，刘善本任副旅长兼华山部队训练负责人。11月，混成旅一部与步兵208师一部混编为空军驱逐第2师，他担任师长。

抗美援朝开始后，为对付敌方的空中优势，刘善本第一个驾机进行夜航试飞取得经验，训练出了能够熟练进行夜战的飞行员队伍。1951年3月，他担任轰炸第10师师长。1952年2月，任空军第10师党委候补常委。

1955年，刘善本被选为中华人民共和国国防委员会委员，被授予一级解放勋章和大校军衔。此后，他还担任过军委空军军事训练部第二副部长，空军军事训练部副部长。1959年，刘善本参加第二届全国人民代表大会，被选为中华人民共和国国防委员会委员。1960年，军委任命刘善本为空军学院领航系主任。1961年，刘善本到潍坊廿里堡机场进行例行的飞行训练，受到热烈欢迎。

1962年，刘善本到上海空军政治学校编写《领航条令》《轰炸条令》和《兵团领航战术教科书》。12月，任空军教育学院副教育长。1964年4月，刘善本被授予空军少将军衔，同年，被选为第三届全国人大代表和中华人民共和国国防委员会委员。

四、孤胆英雄：高守余

高守余，山东省昌乐县红河镇龙山村人，1928年出生，1951年2月参加革命，中国人民志愿军第十二军第三十四师第102团第九连战士。战后，他被志愿军总部授予"孤胆英雄"的称号。立一等功，获二级英雄称号，并获朝鲜民主主义人民共和国一级国旗勋章。金日成亲自将这枚国旗勋章挂在他的胸前。在抗美援朝的著名英雄中，他是与黄继光、邱少云、杨根思并列的，只是他没有英勇牺牲在战场上。

1952年10月14日，美军出动重兵在飞机、坦克和大炮的掩护下，向我45师据守的五圣山前沿阵地发起猛攻，上甘岭战役正式爆发。战前美第8集团军司令官范弗里特狂言只需要5天就可以拿下上甘岭，

并预估伤亡将在 200 人左右。1952 年 11 月 18 日的清晨五时，我志愿军一零六团刚接防还不到三小时，韩军第二师的进攻就开始了。韩军此次进攻的目标是 6 号阵地，6 号阵地是 537.7 高地西侧的突出部，地势又高，是西侧防御的要点，如果失守，不仅西面阵地不保，东面的 1、2、3 号阵地也很难守住，并且还能威胁到纵深的 448 高地。因此双方对 6 号阵地的争夺殊为激烈。韩军先是以 4 架飞机进行轰炸，接着又是长达近一小时的炮击，整个 537.7 高地落弹两万余发！在这样猛烈的炮火下，6 号阵地上唯一的一个坑道被炸塌，八连连长文法礼等二十多人全部牺牲。炮击过后韩军以一个连的兵力对 6 号阵地发起了集团冲锋。守备部队拼死抗击，双方的激战一直到次日，即 19 日晚，终因部队伤亡过大，6 号阵地落入敌手。20 日四时，高守余和弟弟高守荣所在的的九连奉命向韩军占据的 6 号阵地反击。一班负责主攻 6 号阵地，经数小时恶战，终于将 6 号阵地夺回，而一班也只剩高守余一人了，其他的战友全部战死，这其中就包括他的弟弟高守荣。几天前在五圣山下集结待命时，高守余见弟弟脚上那双黑布鞋已破的露出了脚趾头，心疼地说："我还有双新鞋子，等打完这一仗就给你换上。"可是高守余却不知道弟弟已经负伤，等发现他时，他的一条腿已经炸没了，腹部上有个拳头大的伤口，鲜血把衣服都染红了。高守余一把将弟弟揽在怀里，流着泪不停地喊："守荣守荣，你醒醒！"。在哥哥的呼喊下，高守荣努力睁了睁眼睛，嘴唇动了动却发不出声音，一行眼泪顺着眼角流了下来。随即头一歪，在哥哥的怀里咽了气。高守余紧紧抱着弟弟，大脑里几乎一片空白。此时韩军已经开始打炮，掩护步兵反扑。敌人的炮声将高守余拉回了现实，他轻轻将弟弟的遗体放了下来，搂了一抱手榴弹，腋下还夹着两根爆破筒，眼珠赤红地向韩军迎了过去。

高守余从天亮到黄昏，用手榴弹、爆破筒独自裹伤而战，击退了韩军六次冲锋，这中间由于韩军密集的炮火封锁，他得不到任何支援，一天就吃了口袋里三颗祖国慰问团带来的糖果，坚守住了至关重要的 6 号阵地。

美国合众社记者肯尼德站在 537.7 高地东侧沟底的阳地村前，隔着不到 200 米的距离，亲眼目睹了对面 6 号阵地上的这一战斗奇迹，随后他向国内发回了这样一篇战地报道："有三支南朝鲜的军队向 6 号阵地进攻，两支全军覆没，第三支只剩下十八

个人。他们的对手只有一个中国士兵,他挥舞着手臂不断向南朝鲜军投掷手榴弹,还从山上滚下了两根爆破筒,独自一人将南朝鲜军的进攻击破,这简直让人难以置信!"由于他此次战斗一人歼敌120余人,有家美国的报纸曾在头版头条登出大标题:杀人魔王高守余!

在上甘岭战役中成了出名的英雄后,他被派回国巡回作报告。在回国前后,期间有很多人要对他进行采访报道,其中就有巴金、魏巍等人,还有不少电影界的著名编剧。他说:"我算什么英雄呀,你们要写就写我的班长刘保成吧(电影《英雄儿女》上面的王成就有刘保成的影子),不管怎么说,我还活着,而我们的班长,还有那么多战友都英勇牺牲了。"

回国后,高守余调福州军区工作,2005年病逝。

第三节　军民鱼水情谊深

一、陈毅担架连

1947年3月,国民党反动派向山东解放区发动重点进攻。华东野战军司令员陈毅指挥军队同敌人展开了激烈的斗争。3月,寿光县临湖、泊东两区由27个村的民兵骨干和部分县区干部组成了一个123人的担架连,从寿光开赴桓台县的索镇,接受了渤海区支前委员会的整编,编为渤海子弟兵团担架队二团三连,连长为单连桂。整编后,他们随华东野战军七纵二十一师转战于山东和苏北26个县,单凭两条腿行程1.7万里,他们忍饥挨饿,跋山涉水,抢救伤员,运输弹药,参加了孟良崮、南麻、临朐、诸城、三户山等大小战斗60次,至1948年1月圆满完成支前任务胜利归来。经过这次锻炼和考验,三连党员由最初的38人发展到84人,涌现出一等功臣3人、二等功臣7人,三等功臣34人。连队先后荣获山东省政府颁发的"巩固模范""钢的担架队"奖旗两面;获得华东野战军七纵十九师授予的"陈毅担架连"称号及"陈毅担架队"的锦旗。还有一面锦旗现存中国人民革命军事博物馆,上面有陈毅的题词:"渤海第三连,真正是模范。学习搞得好,生活能改善。从没开小差,飞机打不散。"

在战斗中抢救伤员,通常分为三道火线:第一道火线是从前沿阵地把伤员抢救下来送到200多米外的战地包扎所,这一任务由部队同志担任;第二道火线是由战地包扎所把伤员抬到前方医院,中间距离不定,有时七八里,有时一二十里;第三道火线是从前方医院向后方医院长途运送伤员。担架连负责第二道火线。

1947年5月,华东野战军以5个纵队的兵力,将国民党的王牌军整编74师包围在孟良崮一带,打响了著名的孟良崮战役。5月15日午后,华东野战军发起总攻。

敌人的援兵着急了，发动了一次次强大的攻势，企图冲破阻击部队的阵地，但都没有成功。天黑以后，敌人简直发疯了，炮弹一个劲地向阻击部队的阵地倾泻，几十架敌机从我阵地上空投下照明弹和重型炸弹。霎时，整个战场成了一片火海。情况紧急，每一个担架队员都为部队的处境焦虑不安。看着战场的严峻形势，三位排长和几位班长来到单连长跟前，一致要求担任第一道火线的抢救任务，换下部队的同志们以投入战斗。单连长带着全连同志的请战要求，找到师政治部的黄主任，把全连队员心里的话说了出来。经纵队首长批准，黄主任才答应了他们的请求。

敌人开始了新的冲锋，三连副指导员马泮祥和二排长刘玉汝奉命带两个班扛着十几副小担架，第一批上火线抢救伤员。在一位部队同志的引导下，他们向着我军据守的山头阵地爬上去。敌人的炮弹拖着蓝光落在不远的地方，敌机扔下的炸弹时而在同志们面前爆炸，枪弹像流星一样在夜空乱飞。他们冲上前沿阵地，只要接到部队伤员便抬上就跑。可是山坡陡峭，又没有路径，担架没法抬，他们只好背着伤员走。在上坡下岭或背着伤员爬的时候，伤员往往从他们背上滑下来。刘玉汝想了个办法，解下裹腿兜住伤员的屁股，系在自己的腰上。大家都照他的样子做，行动起来方便多了。队员郝道淮背着伤员在乱石和荆棘中爬行，衣服被扯成了碎条条，膝盖磨破了皮，但他一声不吭，一连背了3个伤员都没让人替换。

孟良崮以后的历次战斗，三连一直担任第一道火线的抢救任务。在7月间南麻战斗后，三连又投入临朐战役。一天夜里，战斗非常激烈。马泮祥带着二排背着20多名伤员下来，从前沿到包扎所的路上，必须经过一块像龟盖一样隆起的开阔地。在探照灯的照射下，这块地方被敌人的轻、重机枪严密封锁着，密集的子弹打在石头上，火星乱迸。刘玉汝脱下褂子，摘下军帽，折根树枝子，来到离开阔地较远的一块巨石背后，用树枝子把褂子和军帽挑起来，左右晃动着。敌人马上把探照灯光和所有火力都转移了过去。其他队员乘机背着伤员飞速穿过了开阔地。

临朐战役后，担架连抬着伤员随部队迅速转移。为了减轻伤员的痛苦，他们总是千方百计地克服困难。队员杨森林抬的一位重伤员要小便，杨森林怕伤员翻动身体会加重疼痛，就用自己的茶缸去接伤员的尿。看到这种情形，其他伤员都感动得热泪盈眶。

山东南部山岭起伏，河道纵横。担架连随部队转战于沂蒙山区，一天就要过几次河。根据战略的需要，我部队要牵着敌人兜圈子。因此，三连背后经常有敌人尾随，头上不时有敌机袭扰。在这种情况下，他们的行动稍有疏忽，就会造成严重损失。

8月的一天，他们来到临朐县境的弥河边上。一连十几天大雨，河里涨满了水，急流滚滚，河水轰鸣，渡河的困难实在不小。当时，他们跟随的是师部和直属营，还有一个文工团。师部首长拿起望远镜向对岸望，想着渡河的办法。担架队员丁之培从小生长在弥河下游，河水满槽时他常常来回泅渡。看到当时的情形，他想下去试试深浅，为大家开辟渡河的通路。他悄悄脱下衣服跳进急流里，却不料一下子栽倒，被水冲走了。三排排长侯爱华带领十几名队员顺河岸搭救，巧的是小丁被一块大石头挡住了,激流紧紧把他顶在大石头上,让他动弹不得。侯爱华带领队员把胳膊挽在一起,面朝上游,双脚横着移动,渐渐靠近了大石头,把小丁救了上来。刘玉汝带队下了水。他们三个班,每班排成一行,互相挽着胳膊,面对上游双脚横着移动,集体与急流搏斗着。有的同志被滚石打得身子倾斜,打个趔趄,但在两边同志的搀扶下,又挺起身子前进。二排同志像水上的铜墙铁壁,冲向对岸,又返回来,为渡河开辟了航道。岸上的人们都鼓掌欢呼,大队人马开始渡河。个子小的、师文工团的人员都被夹在个子高的人中间。到了水深的地方,他们都被挽起,脚不着地漂着就过河了。担架连过了三个来回,直到把师部的物资和文件运完,把文工团员渡完为止。师直属营的同志也用同样的办法渡河。师部首长一再称赞他们:"到底是老解放区的民兵,有勇有智。"

"陈毅担架连"授旗仪式

1947年7月28日,三连渡过沭河,随部队到达沂源县四区大石桥村。部队后勤单位搞来一些面粉,准备让大家饱餐一顿。老乡们听说自己的队伍来了,都从山里回来,找出事先藏好的铁锅,帮他们烧火做饭。正在吃饭的时候,忽然飞来两架敌机,向村里投下了十几颗炸弹。许多房屋被炸塌,树木被炸断。一会儿,有人来连部报告说,二排出事了!大家都十分震惊,扔下饭碗,急忙向出事地点奔去。原来,同志们正围着锅台吃饭,一颗炸弹穿过屋顶落在锅里爆炸了,房子都坍塌了。经过仔细辨认和查对,担架连的郝道淮、刘兆和、马全保等9名同志牺牲,另有6名同志负伤。一起遇难的还有部队的几位同志和房东的三个孩子。部队首长派人送来一些白布。他们把战友的尸体裹好,借来门板,抬着向村外走去。在村北一个向阳的山坡上,他们为战友挖好了墓穴,掩埋好战友们的尸体。大家流着眼泪向战友告别,青年队员都放声大哭。常指导员站在一块石头上,大声说道:"同志们,眼泪冲不垮敌人!记下这笔血债,擦干眼泪,为死难的同志们报仇啊!""为牺牲的同志们报仇!""向蒋匪帮讨还血债!"大家齐声怒吼,声音在山间回荡。这时,上级下达了马上出发的命令。他们急忙找来一些石头,放在每个战友的墓前做好标记,然后跑步回村,整队出发。

三连就这样一直英勇战斗到彻底粉碎国民党反动派对山东解放区的重点进攻,圆满地完成了战斗支前任务。

二、淮海战场上的临朐"挑子营"

1948年10月11日,淮海战役前夕,临朐"挑子营"随人民解放军渤海纵队参战,经山东、江苏、安徽、河南4省18个县,历时100多天,行程2000公里,486名民工挑小米、运子弹,圆满完成支前任务。因表现突出,他们荣获华东军区授予的"支前模范营"锦旗。

临朐"挑子营"辖3个连,城区编为第1连,盘阳区为第2连,南流区为第3连;赵信任营长,赵福祥任教导员(后由姚守贵继任);其中,南流区组建150人的挑子连去支援前线;挑子连指导员姚守贵、连长孟庆刚(三山峪村)、副连长杨智远(梨园河村)、文书崔同堂(崔家河村)、司务长孟繁兴(梨园河村)、一排长刘玉章(东张龙村)、副排长陈汝亭(下河村)、二排长赵永海(大辛中村)、副排长王宇环(下河村)、三排长王会增(大辛中村)、副排长王尚成(郭家庄村),各排下设3个班,挑子连任务的村为东张龙村、河北村、大辛中村、下河村、刘家庄村、姚家庄村、马家庄村、夏家庄村、郭家庄村、东官庄村、西官庄村、龙门山村、庞家沟村、南姬家河村、北姬家河村和瞿家圈村。10月11日,各村民工到南流集合,12日早出发驻进大关区侯家砚峪村,为避免敌机轰炸,改为夜间行军,白天休息;13日天亮前到达沂水县道托村,夜行晓宿,过沂水,经莒县,在夜间冒雨驻进莒南县邢家水磨村;期间,临朐"挑子营"与淮安县的2个"挑子营"合编称"淮临挑子团",王恒昌任团长,赵诚任政委,指导员姚守贵作形势任务报告时说:"国民党兵团60万人,在东至连云港,西至商丘的陇海路一线摆下战场,想大决战,现已被华东、中原2大野战军包围起来了,正是大决战前夕,大家的任务是给部队送粮食和弹药,任务是光荣的,一定要完成,绝不能给临朐人丢脸!"大家一致高喊:"打到南京去,活捉蒋介石!"大家把"坚决和蒋介石决一死战"的口号写在扁担上,民工们士气高昂,信心百倍,出发时每人担25公斤小米,随渤海纵队开赴前线。

临朐"挑子营"随部队连夜行军,途径郯城县城和瓦窑车站时,渤海纵队连连打胜仗,只见遍地是国民党军队惨败后丢下的汽车、大炮、马匹、伤兵及尸体;国民党军队经常出动大批飞机狂轰乱炸,企图炸毁运河大桥,但在解放军猛烈的射击下,飞机不敢低飞,只在大桥周围乱扔炸弹,掉头就逃,解放军部队、挑子队、担架队抢时间过运河大桥。

临朐"挑子营"接到命令到江苏省邳县接受任务,因多为夜行军,地理不熟,全靠向导带路,去邳县时找了一位村民带路。他把"挑子营"领到了驻有国民党军队的土楼子村,土楼子村周围有围墙,当"挑子营"的打前站人员接近村子时,发现有敌人岗哨,立即汇报,领导传令后队改前队,迅速撤离险境,绕道进驻土山镇,化险为夷,将向导交当地政府处置。天刚亮敌机在土山镇的西部进行了狂轰乱炸,而临朐"挑子营"宿营在镇的东部,有幸躲过一难。

1948年12月，淮海战役进入最后阶段，国民党军的主力已大部被歼，只有第二、第十三这两个兵团被围困在安徽省的肖县和河南省的永城一带，这时已进入腊月，大雪频繁，地上积雪盈尺。徐州解放后，上级指示挑子营改挑面粉和熟食，有的挑子改送弹药，此时，国民党军已陷入弹尽粮绝的境地，靠南京派飞机空投物资。因包围圈逐渐缩小，敌机怕炮火射击，一到战场上空，仓皇把食品、枪支、弹药空投后，掉头就逃，空投的物资多数落在解放军的阵地上。1949年元旦，"挑子营"把热腾腾的白面肉包子冒雪送到前沿阵地，战士们把包子串在刺刀尖上，在战壕里向国民党军做劝降工作，高喊："蒋军弟兄们，过新年了，我们备有大量的白面包子，你们快过来吧，别给蒋介石卖命了，只要过来就请你们吃个够！不要怕，我们优待俘虏！"此招真灵，到夜间国民党军队就三五成群地偷偷过来投降，对投降的士兵先让他吃饱，再对其进行教育，然后把枪还给他们，带上几个馒头，放他们回去宣传优待俘虏政策，到夜间就有成班、成排的国民党军队携械投降，当时民工中流传着"一个馒头俘虏一个排，馒头的威力比大炮大"的笑谈。1月6日（腊月初八），解放军向国民党军队发起总攻，经4天的激烈战斗，全歼第二、第十三这两个兵团，生俘徐州"剿总"副司令杜聿明，击毙第二兵团司令邱清泉，10日淮海战役胜利结束。1月23日（农历腊月二十五），"淮临挑子团"到青龙集参加庆功大会，凡参加支前的民工多被荣立三等功，临朐"挑子营"孟繁兴、王永昌、刘文香荣立一等功，证书上印有"立下功劳人人敬，功上加功更光荣"两行字，每个参战人员均发"淮海战役民工服务证"，民工的支前任务胜利完成，以连为单位返回山东老家，高高兴兴过了团圆年。

| 孟繁兴 | 王永昌 | 刘文香 |

孟繁兴（1917~1988），辛寨镇犁园河村人，1948年10月11日参加临朐"挑子营"，随人民解放军渤海纵队经山东、江苏、安徽、河南4省18个县，行程2000余公里，征战百余天，支援淮海战役，荣立一等功。

王永昌（1921~1995），九山镇龙响店子村人，1948年10月11日参加临朐"挑子营"，随人民解放军渤海纵队经山东、江苏、安徽、河南4省18个县，行程2000余公里，征战百余天，支援淮海战役，荣立一等功。

刘文香（1924~2000），寺头镇金山村人，1948年10月11日参加临朐"挑子营"，随人民解放军渤海纵队经山东、江苏、安徽、河南4省18个县，行程2000余公里，征战百余天，支援淮海战役，荣立一等功、二等功、三等功各1次，被中共鲁中三地委支前指挥部奖励步枪1支。

姜金礼（1908~1947），冶源镇石灰窑子村人，1939年，被村里选为妇救会会长，积极配合工作队，走门串户做群众思想工作，带领妇女做军鞋、磨面、支援前线。1946年7月加入中国共产党，12月，自荐后经方山区批准担任本村村长，组织男青年成立全区第一批担架队、小车队参战支前，组织妇救会、识字班慰问民工家属，为军工烈属代耕代种。1947年7月临朐战役期间，组织担架队、小车队，运送伤员和弹药，带领妇女给解放军烧水做饭，掩藏枪支弹药等军用物品。后被还乡团抓去杀害；10月，县委、县政府责成方山区委、区政府为其召开"姜金礼烈士追悼大会"。

苏大娘（1897~1947），辛寨镇王家沟村人，1946年，国民党对解放区发动全面进攻，为保卫家乡，取得胜利，带头让16岁长孙参加中国人民解放军，并带领妇女碾米、磨面、做军鞋，支援前线。1947年7月，临朐形势恶化，被还乡团抓去活埋；9月，中共昌乐县委（时属昌乐县辖）在该村召开追悼大会，县委书记赵西林在追悼会上宣布苏大娘为革命烈士，并追认为中国共产党党员，号召全县人民群众学习她坚贞不屈的革命斗争精神。

刘秀英（1930~1947），冶源镇南杨善村人，1945年，被村里选为妇女识字班班长，带领妇女夜间学文化，白天碾米、磨面、做军鞋支援前线。1947年7月临朐战役后，人民解放军实行战略转移，她接受收藏武器、文件的任务，时形势恶化，被还乡团得知后抓去，将其押至县城，遭百般摧残，昏死数次，始终一字未吐；9月10日，被还乡团活活填入文庙井内，年仅17岁，被誉为"临朐的刘胡兰"。

三、"张氏松"记录潍北人民支前伟大壮举

为了潍县战役的胜利，人民群众无私奉献，创造了一个又一个壮举，演绎了一段段令人难忘的动人故事。尤其是潍北县地处战区，支前任务繁重，但是他们还是出色地完成了支前任务。

"铁打铜铸牟家院，支前模范数河南"。这是潍北人民当年传颂的两句话。牟家院是山东早期共产党人牟洪礼的家乡，河南村是当时县委干部常驻的村子，党的群众基础比较好。解放潍县的消息传到这两个村，全村老少齐上阵，投入支前工作。部队到来之前，他们就打扫了房间，铺好了铺草，蒸好了干粮。村里比较好的饮水井都加了井盖，并派民兵把守，保证饮水安全。部队进驻后，民兵主动担任警戒，严格控制过往行人。

令人难忘和感动的是张氏村村民主动捐献松林的故事，至今仍被人们所传颂。

潍县战役即将打响时，华东野战军十三纵三十八师、九纵二十七师进驻潍县华疃

区的几十个村庄。部队构筑工事，坑道作业需要大量的木材。由于在战役前期，华疃区周围几十个村、方圆几百里的树木，大都被国民党军队砍去修了碉堡，做了鹿砦，木材严重缺乏。当地老百姓就把大门、屋门、梯子和各种木头收集起来供部队使用，有的甚至连箱子、柜子都献了出来。

可即使这样，木材还是远远不够用，怎么办？部队几万将士的烧柴和修工事用的木材任务交给了华疃区。当时年仅二十三岁的华疃区长王华彬在接到任务后，当即拍着胸脯说："没问题，我包下了。"话虽说得坚决，他心里也是忐忑不安，毕竟周围方圆几十里几乎没有可供使用的木材，甚至有些村庄连小鸟落脚的树枝都找不到。这时，他想到了张氏村墓田那片松林。他找到南张氏村长王曰光商量。王曰光提出，要解决木材问题，只有王氏家族墓田里的大树了。老墓田已有一千多年历史，占地六十余亩，是潍北一带远近闻名的大墓田。墓田内大树参天，大部分都是数百年以上的松柏，最大的高二三十米，需几个人手牵手才能环抱过来。这里一向被王氏家族视为圣地，严加保护。国民党守军在修碉堡时也害怕王氏家族的势力，没敢动墓田的树木。现在，王氏族人能舍得献出来吗？

张氏松

王华彬、王曰光同王氏家族长辈一起召集了南、北张氏村的王姓村民们召开村民大会，会场就设在了墓田里，男女老少2000多人参加了会议。会上，老村长开门见山："老少爷们，解放军马上就要打潍县城了！咱老百姓彻底翻身解放的日子到了！可是，现在子弟兵几万人马的烧柴、木料遇到了困难，县委要求我们协助解决，今天请大家来就是商量这件事。"谁知他的话音未落，会场就沸腾起来，大家议论纷纷。不一会儿，有人提议献出松林，立即得到了很多人的响应。群众异口同声地喊道："献墓田！"经过大家举手表决，所有人一致同意"献出松林，支援前线"。

散会后，村民们立即拿来锹、镐、斧、锯，主动砍伐了自己家族茔地内的松柏。县委也派战勤科崔文林等组织周围村庄群众前来增援。经过几昼夜的奋战，大树被整理成木桩、木板和木柴，几千方木柴、木料装上大车、小推车送往部队，解了部队的燃眉之急，有力地支援了前线。为了纪念张氏村王氏家族这一伟大壮举，特意留下了两棵古松，被称为"大松""二松"，一棵象征部队，一棵代表人民群众，作为永远纪念。如今，这两棵松树依然屹立在潍北大地上。

捐献木材，仅仅是人民群众踊跃支前的一个缩影。据《第九纵队昌潍战役粮食工作报告》中显示，九纵部队用的木柴、马草全部由潍北县提供，前后部队每天需要大约二十九万斤。这样大的数目，潍北县也都能够给前方部队及时地运送上去，解决了

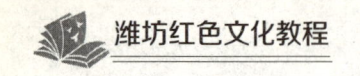

部队的实际需要，有粮无草的现象很少发生。据不完全统计，战役期间，潍北县提供马草、烧草550万斤，木材一千多立方，铁锹1.8万张。

四、学生支前服务团

1948年5月，号称"鲁中堡垒"的潍县解放。家在郊区农村的崔恒山与文允瑞虽不同村，可也熟识，潍坊解放之后，他们的学校合并成为潍坊特别市立联合中学。这两名初中生，转眼就成了解放区的学生，老师会不时给他们宣读"号外"（前线战场捷报）。远方战场的豪情，政治辅导员每每讲话时眼睛里闪现的激动色彩，吸引着少年的心。

半年之后，淮海战役打响了，学校响应"要人有人，要钱有钱，要物有物"的号召，组织学生支前服务团到刚刚在坊子成立的"潍坊特别市临时医院"，帮助陪护从前线运来的伤兵。经过学校动员、学生自愿报名、班级评选之后，联中有72名学生进入服务团，崔恒山和文允瑞就在其中。

1948年10月19日，市民们夹道欢送300多名支前学生，就像欢送出征部队一样。支前学生们喜气洋洋，也像奔赴前线一样奔赴临时医院。

学生刚到临时医院的时候，还没有开始接收伤兵，所以先进行了学习和培训。可事情并不如人们所意料的那样顺利。培训还没结束，学生却动摇了：一是怕时间长了身不由己，回不了学校，影响功课和升学前程；二是怕"变天"，国民党政府还在南京，与潍坊一步之遥的青岛还没解放，说不定国民党就会从海上登陆，卷土重来。

天公也不作美，1948年的冬天来得特别早，学生们普遍衣着单薄，冻伤了不少，有些甚至还出现了意外。隆冬夜半，七个女生为了取暖，就挤在一起睡觉，自己糊得土炉不严实，满屋尽是弥漫的烟。待被人发现时，她们已不省人事。这个临时医院当年曾是日本人建的北大营，日式的旧楼都是红漆木地板，在慌乱中，有人误认为这红地板是血迹，大家纷纷传说女学生们被特务杀害了，人心惶惶。年龄稍大的崔恒山拿着枪第一个冲进去，这才发现这是红地板不是血迹，整个屋里烟雾缭绕，他把窗口打开，又招呼人把女生背出去，这才避免了一场灾祸。

这件事情再一次催化了学生们离开的心。还有人用粉笔在厕所的墙上写了打油诗："学生今年才十八，家中有朵红鲜花，有心请假把花采，可惜上级不准假。"

三个月期满时，走了一批学生，春节前，又走了一批学生。伤兵在临近春节时才到，所以很多学生连伤兵都没见。到1949年7月临时医院撤销时，当时潍坊联中来的72名学生，只剩下了崔恒山和文允瑞。崔恒山的父亲骑着毛驴，来了医院三次。老人家往返一次，就一个多星期，他要把儿子叫回家："世道这么乱，到时候国民党打回来，倒霉的不光是你自己，还有我们全家和全村！"但崔恒山没有回去。

要问崔恒山和文允瑞为什么能坚持到最后，文允瑞离家时留给母亲的信，或许能给我们答案：

"欢笑吧！母亲娘。祖国就要解放，我不能在您的怀抱坐视解放的捷报。趁此青春年少，我要投笔从戎，为祖国报效。母亲娘，不要骂我，我爱我的亲娘，但更爱哺育我的共产党。当我立功凯旋时，你会感到骄傲和荣耀。"

崔恒山与文允瑞永远都记得，当时一位国民党起义伤兵对他们说的话："为什么八路军总能打胜仗？他们身后有兄弟姐妹的爱护和支持啊！"

从1949年的春节前夕开始，伤兵陆续到了。两个少年虽然没有上战场，却也是目睹了战场的惨烈。林林总总近两千个伤兵，绝大多数是断腿断臂、肢体不全的。在两个少年看来，这些年轻的兵比自己大不了多少，他们的痛苦哀嚎、他们的血与泪，自己感同身受。

学生服务团的工作琐碎而繁多，给伤员清洁身体、打扫卫生、送饭、读报纸、教学文化、教唱歌曲、替伤员写家信，扶着、背着、甚至用担架抬着帮助伤员外出活动，有时还要当"救火员"——本该在战场上的年轻士兵，却以伤兵的身份，抱着残缺的肢体，躺在后方的医院里，他们的心思变得敏感脆弱而多疑。

有两个伤兵，一个右腿截肢，一个左脚截肢，而且两个人的鞋码恰好相同，发鞋的时候，指导员认为发一双鞋他们也用不上，就一人发一只。这种做法本来就欠妥，两个人的鞋还发反了，没有右腿的却领到了右脚的鞋，失去左脚的领到了左脚的鞋。领到鞋后，两位伤兵情绪失控，狂言大骂，其他伤兵也受到感染，躁动起来，这不是因为残疾受到了侮辱嘛！伤兵便去找指导员"算账"，扬言用拐杖也给他打断一条腿。崔恒山见势不妙，一步就站在了指导员身前，重重地挨了一下。伤兵们一看打错了人，一时无措。平时崔恒山与伤兵们感情很好，他反复道歉、劝说，形势得到控制。到了晚上，指导员在伤兵大会上声泪俱下地做了检讨，这个事件才平息下来。大家心里都绷紧了一根弦——以后做事情决不能刺痛了伤员的心。

5月的一天，突降大雨，两名在马路上散步的伤兵走进一家小商店避雨，店主却说他们是土八路，不懂规矩，这一下子激怒了伤兵，双方大打出手。还有一次，伤兵没买电影票，想进坊子煤矿的电影院看电影，他们觉得在前线流血牺牲的人，看场电影是应该的。可检票员不这么看，双方又是一场争执。支前学生们又在这其中化解矛盾，既要维护伤兵，也要教育伤兵。前方作战，保证后方的稳定是多么重要。

青岛解放后，临时医院撤销，在支前的八个月时间里，崔恒山与文允瑞没吃过一顿饱饭，一切供应都保证前方，保证伤员。可这八个月时间，又是他们八十多年人生里最充实、最闪光的时候。那些不懂的、似懂非懂的信念和希望，在与伤员的接触中、在替他们写的家信中，一下子都明晰了：我们流血牺牲，是在为我们、为家人、为无数个普通人建一个稳定、强大的国家，让我们不再害怕，不再流离。

对于过着寻常日子的我们来说，国家意味着什么？在一切褪去光环后，我们回到国家初建的时刻，我们发现，国家是让每个平凡、会怯懦但又勇敢的普通人，看到的生的希望。

五、支前模范刘秀英

1927年10月，刘秀英出生在位于青州和临朐之间的贾庙村，7岁时父母相继去世，她和两个年幼的弟弟便成了孤儿，日子过得十分艰难。为了抚养两个弟弟，她到当地一个地主家里当起了丫鬟，深夜里，地主家的老太太经常用拐棍敲她起来干活。

贯穿青州的胶济铁路在当时是重要的交通枢纽，日军派重兵在此屯守。位于临朐和青州之间的贾庙村，频频遭受日军的"大扫荡"，抗日军民也频频开展"反扫荡"和游击战。

1944年，贾庙村和周边村子的村民在弥河区委的领导下组成游击队、支前队，配合八路军进行"反扫荡"。当时17岁的刘秀英，悄悄离开了地主家，报名参加了担架队，和其他支前队员一起，往返前线抢救伤员。

在与日寇的作战中，负伤的同志很多。村里有个河湾，他们将伤员从前线抬下来，在这里给伤员们清洗血衣和绷带，鲜血把整个河湾的水染成了红色。

在不运送伤员的时候，她就和其他队员一起照顾伤病员，忙得不可开交。攻打临朐城的时候，日本飞机上扔下来的炸弹正好落在一个司号员附近，当时才15岁的司号员，双眼被炸瞎，手也被炸断。由于伤势严重，刘秀英眼睁睁看着司号员牺牲，她甚至不知道他的名字，家住何方。

除了运送和护理伤病员，刘秀英也曾推起独轮车，帮八路军运送军粮，当时的独轮车是木头轮子，推起来十分费力；又是坑坑洼洼的崎岖山路，一个十几岁的女孩子，推着一二百斤的粮食，难度可想而知。尤其时常会遇到一些大的沟沟坎坎，独轮车不好通过，只能把粮食卸下来，自己背过沟坎，然后再把车子推过去，重新装车上路。最难的是背粮，腰被压弯，肩膀被磨破，她咬紧牙关，一声不吭，愣是完成了男人才能完成的工作。

凭着吃苦耐劳、认真负责的工作态度，刘秀英被评为"支前模范"，受到区委的表彰，并进入区妇女工作队。不久，她又被任命为工作队队长，带领42名女队员到八路军的部队支前，仍主要负责伤病员的护理工作。由于工作突出，一年后她们全部火线入伍，被分配在八路军野战医院工作。

后来，刘秀英又先后在华东铁路警备司令部二团二营、铁路警备二大队当卫生员。1955年10月，根据组织的安排，刘秀英离开部队，到济南铁路局防疫站工作。1970年，刘秀英到济南市市中区新市区居委会任主任、书记等职务。

2015年9月3日，支前模范刘秀英应邀参加了中国人民抗日战争暨世界反法西斯战争胜利70周年大阅兵。

第四节 丹心一片写春秋

一、王愿坚

1929年，王愿坚出生在山东省诸城市相州镇的一个文化家庭。他的父亲毕业于北京高等师范学校（北京师范大学前身），他父亲的哥哥毕业于北京译学馆，回到山东后，同中共一大代表王尽美、邓恩铭等秘密组织了济南共产主义小组。

王愿坚初中只读了半年，1944年7月到抗日根据地，1945年1月参加八路军，在部队当宣传员。

解放战争时先在部队文工团担任分队长，后担任报社编辑和记者。这期间，写过一些小戏、演唱材料和新闻通讯。1947年加入中国共产党。1952年任《解放军文艺》编辑。次年，到福建东山岛采访时，访问了老革命根据地，见到了一些红军老战士、老游击队员和在白色恐怖下坚持斗争的地下工作者，听到了许多壮丽动人的故事，激发了创作热情。

1954年3月发表了报告文学《东山岛》，不久又写了他的第一篇小说《党费》。这篇小说描写女共产党员黄新在丈夫随红军长征去后，在极端困难的条件下组织群众坚持斗争，并千方百计腌制咸菜作为党费，支援山上的游击队，最后为保护同志和组织而献出了生命。此后又陆续写了《珍贵的纪念品》《粮食的故事》等作品，1956年出版了短篇集《珍贵的纪念品》和《党费》。1956年至1966年，参加"解放军三十年征文"革命回忆录《星火燎原》的编辑工作，这期间，写了《后代》《亲人》《七根火柴》和《普通劳动者》等十多个短篇，后出版有短篇集《后代》和《亲人》。1959年，出版了十年作品选《普通劳动者》。1972年以后，曾多次去长征路上采访。1974年，与陆柱国合作，将李心田的小说《闪闪的红星》改编成同名电影文学剧本，拍成电影后获全国少年儿童文艺创作二等奖。"文革"后，写作了《路标》《足迹》《标准》等十多个短篇，描写了毛泽东、朱德、周恩来等老一辈无产阶级革命家在长征途中的一些感人事迹，其中的《足迹》获1978年全国优秀短篇小说奖。他是解放后成长起来的优秀短篇小说作家，作品多取材于第二次国内革命战争时期红军和老革命根据地人民的斗争生活，构思巧妙、主题鲜明、富有故事性，并善于抓住典型细节和捕捉人物性格中闪光的东西来表现英雄人物的崇高精神，写得真切感人。

王愿坚是中国作家协会和电影家协会的理事，"八一"电影制片厂的编剧。1983

年，王愿坚创作了另一部重要剧本《四渡赤水》，塑造了红军时代具有雄才大略，平易可亲的军事统帅毛泽东的动人形象，作品把人物的活动安置在造就英雄性格的典型环境中，真实地表现了毛泽东挽救红军于危难之中的指挥艺术，通过剧情的起伏跌宕使人物个性更加深刻鲜明。该片为1983年文化部优秀影片奖。1984年获第四届中国电影金鸡特别奖。

王愿坚善于刻画处在历史大环境背景下，人物由个人的选择、信仰所走过的道路，以及这种选择在历史中所具有的价值。他的四个剧本（另两部是《映山红》《草地》）都深切地反映了这一主题。

1991年1月25日，王愿坚因病于北京逝世，终年62岁。

知识链接

王愿坚的主要作品

《灯光》《党费》《粮食的故事》《七根火柴》《三人行》《普通劳动者》《支队政委》《后代》《妈妈》《赶队》《珍贵的纪念品》《小游击队员》《草》电影剧本《闪闪的红星》等。其中他的《七根火柴》，被选入上海两期课改新教材七年级下学期语文课本第三单元：人贵有精神，第10课。《七根火柴》还被选入上教版语文七年级下册第3单元第1课。《草》被选入苏教版语文八年级上册课本第一单元第4课。《三人行》被选入冀教版语文六年级下册，第8课。

《灯光》，被选入人教版语文六年级下册第11课和北师大版语文五年级下册第22课。

参与影片

《草地》（1986）

《四渡赤水（上下集）》（1983）

《闪闪的红星》（1974）

《星火燎原》（1961年7月）

二、峻青

峻青，原名孙俊卿，是山东省海阳市人，于新中国成立前后曾两度在昌邑战斗和生活，担任过昌潍地区武工队小队长，在这里他和昌邑人民共同经历过血与火、生与死的战斗洗礼，和昌邑人民有着生死与共的情缘，一直把昌邑作为他的第二故乡，他的大部分文学作品都是以昌潍和昌邑大地为背景，写的是这里的人和事。他的代表作品《黎明的河边》《老水牛爷爷》等就是以昌邑人为原型，并在昌邑创作完成的。其多篇小说和散文被选入中小学课本，教育和影响了几代人。

> 拓展阅读

《黎明的河边》故事梗概

1947年秋,国民党军队侵占辽阔的昌潍平原,据守潍河东岸赵庄的武工队坚持作战,形势危急。武工队长马汉东在战斗中伤重垂危,他命令通讯员小陈赶快回河西司令部送信:陈兴叛变,我们的队伍遭到很大损失,要求上级赶快派负责干部到河东整顿队伍,坚持斗争。小陈立刻动身。他要经过敌占区,要渡过被敌人封锁的潍河。小陈是在潍河边上长大的,凭着道路熟、识水性,顺利地到达了河西。刚上岸就被叛徒陈兴盯住。在短兵相接的斗争中,陈兴中弹负伤,小陈乘机急奔陈庄。自从河东发生战斗后,小陈的父母惦着河东的战友,派小儿子小佳到外面探听情况,恰好碰到急于去司令部送信的小陈,小陈就把当前的敌情告诉了小佳。可是陈兴并没有死。他随即带还乡团到小陈家搜查。他们抓不到小陈就把小陈的父母和弟弟带走,严刑拷打,但仍得不到小陈的下落。于是他们释放了小陈的父亲,企图用他来做钓饵。司令部决定派姚队长和杨副队长到河东去,因为没有熟悉河东道路的人,只好仍派小陈领路,在非常疲倦的情况下,小陈向上级保证:一定在天亮前把姚队长等送过河去。他们到达渡口,但藏在芦苇里的小船不见了,姚队长等又都不会游水。小陈急中生智,回去找父亲帮忙。小陈踏进家门,见家里乱七八糟,父亲情绪沮丧默坐屋里。小陈顾不得询问,忙把送干部去河东恢复武工队的事告诉了父亲,老人转悲为喜,欣然动身。天气寒冷,河水湍急,沙滩上姚队长和小陈与敌人展开了激烈的战斗。地主还乡团企图以小陈的母亲和弟弟来软化小陈,陈母和小佳虽然受了许多痛苦和折磨,但毫不屈服地叫小陈拿出勇气,为死难者报仇。地主陈老五疯狂至极,竟将陈母和小佳打死。血的教训,更坚定了小陈杀敌报仇的决心。小陈为掩护父亲和姚队长过河和陈老五展开了你死我活的搏斗,在寡不敌众的情况下,小陈毅然跳入波涛翻滚的河中。不久,河东武工队展开大反攻,小陈和他的父亲又参加了这场战斗。最后消灭了全部敌人,获得了胜利。

峻青三次到访大家洼

1976年前后,峻青正在创作长篇小说《海啸》,为着重描写大家洼北部老河口渔民及抗日武装与海匪及日本鬼子斗争的故事,峻青先后三次来到大家洼现场采风。

1980年3月27日,峻青只身来到老河口以东访问了许许多多渔民,详细记录了老河口历史沿革及潮汐变化情况,峻青老人又同时到大家洼访问了太平村王子浩、贤村村王相义等战争年代英模人物,峻青老人特别在创作大家洼渔民为解放军海上送衣送粮,运输军用物资等方面点睛之笔较多,为颂扬大家洼渔民抗日抗匪精神给予了生动的写照。

1983年12月期间,此时创作的长篇小说《海啸》已近尾声,为保证北大洼渔民抗日抗匪细节更加凸显,故事更加曲折动人,抗战精神更加激励人心,峻青老人不顾年老体弱，骑着一辆破旧的单车到大家洼老河口"三叉海"等海域采风，翔实记录了大家洼北部大海的结构、分流、潮汐等自然现象，并对码头泊船船只的捕捞、运输等环节一一记录，为以后作品的真实再现留下了伏笔。

长篇小说《海啸》于1984年2月由当时中国青年出版社正式出版后，峻青不辞辛苦又一次来到大家洼，并带来了20本《海啸》样书，分别赠送了大家洼老荣军，老干部和为解放战争做出贡献的老同志。

《海啸》故事梗概

1942年，抗日战争最艰苦的一年，昌潍根据地遇到了海啸灾难，颗粒无收，根据地老百姓面临断粮危险。以宫明山为首的八路军运粮小分队，包括会计郭玉文、排长大老姜、通讯员小马等人接受了为根据地送粮的任务。一路上他们遇到了难以想象的困难，经历了土匪的骚扰、日寇的截击、国军的偷袭，小分队的战士几乎全部牺牲，最后终于将粮食安全地运达目的地。

三、王统照

王统照，字剑三，笔名息庐、容庐。1897年生于山东诸城相州，家庭富裕，可他没有沉迷于玩乐，从小就勤奋好学。5岁入私塾，塾师王香楠。7岁丧父。其母李清是位坚韧刚毅又富有才气的女子，在母亲的倾心教养下，潜心习读四书、五经。12岁开始接触《新体地理》《历史教科书》《笔算数学》等新课本。13岁考入县城高等小学，1913年毕业后，赴济南考入山东省立第一中学。因文章写得好，他与杨金城、路友于被誉为山东省立一中的"诸城三杰"。

1918年夏，王统照到北京考取了中国大学英国文学系。在那里，他广泛地接触了英国和其他国家的一些文学名著，从西方文学里吸收了大量的营养，渐渐滋长了改革中国旧文学的思想萌芽，被推选为学报编辑。五四运动时，他参加了为反对北洋军阀政府卖国外交而组织的火烧赵家楼等爱国行动。不久，他同一些进步青年创办了《曙光》月刊，宣传新思想，介绍新文化，并结识了瞿秋白、郑振铎、耿济之等人。

1921年1月，王统照与周作人、沈雁冰、郑振铎、瞿世英、蒋百里、叶绍钧、朱希祖、耿济之、郭绍虞、孙伏园、许地山等12人，发起成立了新文化运动史上第一个文学团体——文学研究会，它所倡导的"为人生而艺术"，标志着文学革命在中国的开始。此后，王统照把反帝反封建的政治热情倾泻在作品中，在文学研究会的《小说月报》和《文学旬刊》上，发表过不少短篇小说和新诗。

1922年7月，王统照从中国大学毕业后，留校任教。1924年8月，他就任中国大学教授、出版部主任，兼任中法大学讲师。同年，与在中法大学求学的陈毅相识，以文相交，成为好友，并介绍陈毅参加了文学研究会。1925年1月，王统照出版第一部诗集《童心》，收录他在1918~1924年间写的诗歌90首。1924~1925年间，印度著名诗人泰戈尔来中国，到各地演讲，王统照为他做过翻译。1926年7月，王统照因母病辞职，从北京回归故里。1927年迁居青岛，先后在青岛铁路中学、市立中学任教，从事新文学的启蒙工作。自从王统照定居青岛，他所居住的观海路49号便成为当地文艺青年的圣地，同时也是青岛现代文艺的发祥地。1929年9月，他与青岛的文学青年一起创办了《青潮月刊》，这是青岛第一份新文学刊物。1931年3月，应好友宋介之邀到吉林省四平街东北第一交通中学任教。时东北正处于九一八事变前夕，他目睹日本帝国主义的侵略，决心以战斗的笔唤起民众，拯救国家。他借机实地考察了城乡各阶层的社会状况，写了报告文学集《北国之春》，描述了东北人民在敌人铁蹄践踏下的痛苦生活。1933年9月，他的代表作、新文化运动中著名的现实主义长篇小说《山雨》出版，继而出版了诗集《这时代》。《山雨》出版后，受到广大读者的欢迎和评论家的好评，作家吴伯箫说，它和茅盾的代表作《子夜》，一写农村的破产，一写城市民族资产阶级的败落，犹如"双峰并峙"。但它的出版，触犯了国民党反动派，国民党中央宣传委员会以其"颇含阶级斗争意识……予以警告，勒令禁止发行"，王统照亦被列入"危险人物"黑名单。

1934年初，王统照离开青岛返回故里，变卖田产，自费旅欧，游历了埃及、意大利、法国、德国、荷兰以及波兰，并作诗《九月风》歌颂波兰人民的自由独立运动。曾秘密访问列宁格勒，最后到伦敦阅读、抄录资料，还曾经赴爱丁堡参加世界笔会。

1935年春，王统照旅欧回国，在青岛与老舍、洪深、吴伯箫、孟超、臧克家等一起创办《避暑录话》周刊。该刊发表的一篇篇短小犀利的文章，给反动派以沉重打击。1936年7月，去上海出任大型期刊《文学》杂志主编，积极参加进步文化活动。同年10月，王统照在上海积极参加了文艺界爱国救亡和争取言论自由的民主运动，与鲁迅、茅盾、巴金、郭沫若等联合签名发表了《文艺界同仁为团结御侮与言论自由宣言》。12月，他参加了上海文化界救国会。

鲁迅先生逝世后，他非常悲痛，亲自前往送葬，并编辑了文学月刊纪念鲁迅专号。是年，出版散文集《青纱帐》、诗集《夜行集》及长篇小说《春花》等。1937年6月编辑出版《王统照短篇小说集》。

全国抗日战争爆发后不久，王统照一家迁往上海。日寇占领青岛后，以没收其住宅和全部家产相要挟，企图迫使王统照返回青岛。他以民族大义为重，誓不返青为日寇服务。日寇恼羞成怒，侵占了其房屋，没收了其财产，并将他积累了半生的藏书损失殆尽。他非常痛心，但毫不畏惧，与茅盾、巴金等人冒着生命危险继续从事文学活动。白天出去参加集会，调查战况，晚上在灯下秉笔直书，撰写抗战诗文。在《烽火》杂志上发表了《上海战歌》等诗。同时，应邀到广播电台和一些大学发表演说，呼吁以文艺这个武器进行抗日斗争。1937年末，上海沦陷。王统照坚持留在上海参加抗日救亡活动，成为为数不多的留下来坚持斗争的作家之一。他携全家迁往法租界居住，并改名王恂如，此后，他边工作边从事抗战文学创作，时间长达7年。1938年，他在上海音乐专科学校任教，后应聘任国立暨南大学中文系教授，同时为《大英夜报》编副刊《七月》，为《文汇报》副刊《世纪风》写稿。这期间他积极参加抗日救亡活动，参与营救沈钧儒、史良等因呼吁爱国抗日而身陷囹圄的"抗日救国会"七君子，继又在《文学》八卷一号《编后记》中热情呼吁各派诗人以有力的作品引动慷慨激越的情绪，表现疾苦，振作精神。卢沟桥事变后，王统照撰文讲演，呼号奋发，表现出高度的爱国热情。1941年12月8日上午，日军冲进上海租界，王统照为学生上了最后一课，要求学生"要有志气，要有冲破黑暗的精神"。不久，他应聘到开明书店上海编辑部担任编辑。

1945年抗日战争胜利前夕，王统照举家返回青岛。抗战胜利后，任《民言报》的副刊主编。1946年8月任青岛山东大学中文系教授、系主任。1947年春夏之交，国民党统治区各大城市爆发了反饥饿、反内战、反迫害的学生运动。青岛的学生以山东大学学生为骨干也组织了游行示威，震动全市。在全校大会上，山东大学有的领导对学生的爱国行动横加指责和阻挠，王统照却挺身而出，旗帜鲜明地宣称学生们的行动是爱国的行动，并表示誓做他们的后盾。后来，学生运动遭到镇压，他也因此被解聘。同年，出版小说集《银龙集》。

1949年7月，王统照赴北平参加中华全国文艺工作者代表大会，受到毛泽东、周恩来等中央领导人的接见，并当选为全国文联委员和文协理事。9月，他出席青岛市第一次各界人民代表会议，并当选为主席团委员、常务委员会委员。同年秋担任山东大学教授兼文学系主任、校务委员会委员。1950年3月，赴济南任山东省文教厅副厅长、省人民政府委员。4月，山东省文学艺术工作者第一次代表大会在济南召开，会议选举产生了山东省文学艺术联合会，王统照当选为山东省文联第一任主席，1952年任山东省文化局局长兼省文联主席。1953年9月，王统照赴北京参加中国文学艺术工作者第二次代表大会，被选为中国文联第二届全国委员会委员；不久又参加全国作协会议，被选为全国作协常务理事。1954年6月主持召开山东省文艺工作者第二次代表大会并致开幕词。同年，当选为全国第一届人民代表大会代表，9月，赴京出席了第一届全国人民代表大会第一次会议。此后三年又分别参加了第一届全国人民代表大会第二、三、四次会议，其中1957年6月参加四次会议系带病参加，在怀仁堂听周恩来总理作《政府工作报告》时心脏病猝发，被送入医院。同年11月29日，王统照不幸病逝于济南，享年60岁。中共山东省委送了挽联：文艺老战士，党的好朋友。其遗骸安葬于济南市金牛公园（今济南动物园）。

知识链接

王统照的主要作品

《一叶》（长篇小说），1922，商务
《雪潮》（诗集）与朱自清、叶绍钧合著，1922，商务
《死后的胜利》（话剧），1924，商务
《春雨之夜》（短篇小说集），1924，商务
《童心》（诗集），1925，商务
《号声》（短篇小说集），1928，上海复旦书店
《黄昏》（长篇小说），1929，商务
《霜痕》（短篇小说集），1932，新中国
《北国之春》（散文集），1933，神州
《山雨》（长篇小说），1933，开明
《片云集》（散文集），1934，生活
《这时代》（诗集），1934，自印
《王统照选集》（小说、散文合集），1936，万象
《青纱帐》（散文集），1936，生活
《夜行集》（诗歌集），1936，生活
《春花》（长篇小说），1936，良友；重排本改名《春华》，1948，晨光
《山东民间故事》（民间故事集），1937，上海儿童书局
《王统照短篇小说集》，1937，开明
《横吹集》（诗集），1938，文生
《游痕》（散文集），1939，开明
《欧游散记》（散文集），1939，开明
《繁辞集》（散文小品集），1939，世界
《去来今》（散文集），1940，文生
《江南曲》（诗集），1940，文生
《华亭鹤》（短篇小说集），1941，文生
《王统照杰作选》（小说、散文合集），1947，上海新象书店
《银龙集》（短篇小说集），1947，文生
《王统照选集》，1957，香港文学研究社
《炉边文谈》（文艺随笔集），1957，山东人民
《王统照短篇小说选集》，1957，人文
《王统照诗选》，1958，人文
《鹊华小集》（诗集），1958，自印

《王统照小说选》，1959，香港万里书店
《湖畔儿语》（短篇小说集），1961，香港上海书局
《王统照短篇小说选》，1980，香港文教出版社
《王统照文集（1—6）》，1980~1984，山东人民
《王统照散文选集》，1982，百花

四、臧克家

臧克家，曾用名臧瑗望，笔名少全、何嘉，1905年10月生于山东省诸城县臧家村一个书香门第。他自幼受祖父、父亲影响，打下了良好的古典诗文基础。1923年夏，考入山东省立第一师范。期间，阅读了大量新文学作品，并开始习作新诗。1925年首次在全国性刊物《语丝》上发表处女作《别十与天罡》，署名少全。1927年，考入中央军事政治学校武汉分校，曾经参加北伐。1929年，在青岛《民国日报》上第一次发表新诗《默静在晚林中》，署名克家。1930年，考入国立山东大学，得到闻一多（时任山大文学院院长）、王统照先生的热情教诲与精心帮助。他创作的《难民》《老马》等诗篇，以凝练的诗句描写了旧中国农民忍辱负重的悲苦生活；长诗《罪恶的黑手》，揭露了帝国主义的罪恶和伪善的面目，这些诗是他早期诗歌的代表作，已成为我国现代诗史上的经典之作。1932年开始发表新作，以一篇《老马》成名。1933年他的第一部诗集《烙印》出版，得到闻一多、茅盾等前辈的好评；次年，诗集《罪恶的黑手》问世，从此蜚声诗坛。1934年毕业于国立山东大学中文系。1934年至1937年在山东省立临清中学任教，出版诗集《运河》和长诗《自己的写照》，创作了散文集《乱莠集》。1936年参加中国文艺家协会。

全国抗日战争爆发后，臧克家同志把自己的命运和民族的命运紧密地联系在一起，积极投身抗日爱国活动。1938年参加中华全国文艺界抗敌协会，当选为襄阳、宜昌两分会理事。1938年至1941年夏初，任第五战区抗敌青年军团宣传科教官、司令长官部秘书、文化工作委员会委员、战时文化工作团团长、三十军参议。他满怀着爱国热情，冒着敌机轰炸的危险，三赴台儿庄前线采访，写成长篇报告文学《津浦北线血战记》；他不畏艰辛率领第五战区战时文化工作团深入河南、湖北、安徽农村及大别山区，开展抗日文艺宣传和创作活动；他不顾个人安危组织"文艺人从军部队"；冒死赴随枣前线从事抗日救亡的文化宣传工作，曾参加随枣战役。这期间，他创作和出版了《从军行》《淮上吟》等诗集和散文集《随枣行》，热情讴歌了抗日军民的伟大爱国精神和英勇抗敌的事迹。1941年秋，任第三十一集团军参议、三一出版社副社长、代理社长，筹备出版了进步刊物《大地文丛》，创刊后，被当局查禁。1942年7月，他愤而辞职，冒着酷暑自河南叶县历经艰难徒步赴重庆。1943年4月，在中华全国文艺界抗敌协会第五届年会上当选为候补理事。同年夏，任赈济委员会专员并负

责编辑《难童教养》杂志至 1945 年秋。在此期间创作出版了长诗《古树的花朵》、回忆录《我的诗生活》和《泥土的歌》《十年诗选》等诗集。

解放战争时期，臧克家多次参加"呼吁停战，实现和平"签名等进步活动，在重庆曾应邀出席毛泽东在张治中寓所所举行的文化界人士座谈会。在上海，他主编了《侨声报》文艺副刊《星河》《学诗》《创造诗丛》《文讯》月刊等，团结了大批进步作家，激愤于政治的黑暗腐败，他创作了大量的政治抒情诗和政治讽刺诗，出版了《宝贝儿》《生命的零度》《冬天》等诗集，产生了广泛的影响。

1948 年 12 月，由于上海白色恐怖严重，被迫前往香港。

1949 年 3 月，臧克家同志由中共党组织安排来到北平。5 月在《人民日报》发表组诗《看到的，听到的，想到的》，之后历任华北大学文艺学院文学创作研究室研究员，出版总署、人民出版社编审，《新华月报》编委，主编《新华月报》文艺栏。1949 年 7 月出席了中华全国文学艺术工作者第一次代表大会，当选为中华全国文学工作者协会委员。

1949 年 10 月 19 日是鲁迅先生逝世 13 周年纪念日，全国各地第一次公开地隆重纪念伟大的文学家、思想家和革命家鲁迅先生。臧克家亲自参加了首都的纪念活动，并去瞻仰了鲁迅故居，看到了鲁迅文章中提到过的"枣树""老虎尾巴"。他睹物思人，百感交集，心中充满了对鲁迅的思念和崇敬，写了《有的人》这首短诗。1951 年 6 月加入中国民主同盟，曾任民盟中央文教委员会委员。1956 年，臧克家同志调任中国作家协会书记处书记。1957 年至 1965 年任《诗刊》主编。经他联系，由《诗刊》创刊号首次发表的毛泽东诗词十八首，在全国产生了巨大影响。这期间，他致力于社会主义文学事业繁荣发展的组织领导工作，在《诗刊》的创刊与发展中，发挥了重要作用，在繁荣诗歌创作、加强诗歌队伍建设中，做出了显著的成绩；同时热情创作，相继出版了《臧克家诗选》《凯旋》等诗集和长诗《李大钊》。1957 年，他和周振甫合著的《毛主席诗词讲解》，对毛泽东诗词的传播和普及起了重要的作用。

臧克家在"文革"中遭受迫害，被迫停止文学创作和社会活动，下放到湖北咸宁"五七干校"。1972 年回到北京。1976 年 1 月《诗刊》复刊，臧克家同志担任顾问兼编委。

粉碎"四人帮"后，臧克家又迎来了创作的春天，出版了《忆向阳》《落照红》《臧克家旧体诗稿》等诗集，《怀人集》《诗与生活》等散文集，《学诗断想》《克家论诗》《臧克家古典诗文欣赏集》等论文集。2002 年 12 月，十二卷本《臧克家全集》出版。

1990 年 8 月，他主编的《毛泽东诗词鉴赏》获全国图书"金钥匙"奖和第五届中国图书奖一等奖。1991 年 10 月，获国务院颁发的政府特殊津贴。2000 年 1 月，获首届"厦新杯中国诗人奖"终身成就奖。2000 年 11 月，获"国际炎黄文化研究会首届龙文化金奖"终身成就奖。2002 年 10 月，他被世界诗人大会和世界艺术文化学院授予荣誉人文学博士。2002年12月，获第七届今世缘国际诗人笔会颁发的"中国当代诗魂"金奖。2003年12月，《臧克家全集》获第六届国家图书奖提名奖。

2004年2月5日20时35分，臧克家在北京逝世，享年99岁。

> **知识链接**
>
> **臧克家的主要作品**
>
> 《烙印》《罪恶的黑手》《运河》《乱莠集》《从军行》《淮上吟》《随枣行》《古树的花朵》、回忆录《我的诗生活》和《泥土的歌》《十年诗选》《野店》《蛙声》《山窝里的晚会》《海》《炉火》《我的诗生活》为《泥土的歌》写的序言《当中隔一段战争》《宝贝儿》《生命的零度》《有的人》《李大钊》。
>
> 1933年出版的第一部诗集《烙印》，是他最具影响的作品。这部诗集真挚朴实地表现了中国农村的破落、农民的苦难、坚忍与民族的忧患。

思考与讨论

一、除了本章提到的历史英模之外，你了解的潍坊历史英模人物还有哪些？他们有着怎样的事迹？

二、请你到潍坊适合的小学，选择适当的方式，向孩子们介绍本章涉及的潍坊历史英模事迹。

三、选读王愿坚、峻青、王统照、臧克家的作品，组织相应的研讨会。

知识测验

一、单项选择题

1. 党的二大结束后，和王尽美、邓中夏等人共同起草《劳动法大纲》的是（　　）。

　　A. 陈独秀　　B. 张国焘　　C. 毛泽东　　D. 蔡和森

2. "四十年前会上逢，南湖舟泛语从容。济南名士知多少，君与恩铭不老松。"董必武这首诗中的"君"指的是（　　）。

　　A. 王统照　　B. 王愿坚　　C. 臧克家　　D. 王尽美

3. 及时向中央红军提供"铁桶计划"围剿文件的人物是（　　）。

　　A. 李克农　　B. 钱壮飞　　C. 潘汉年　　D. 卢志英

4. 曾被志愿军总部授予"孤胆英雄"称号，并获朝鲜民主主义人民共和国一级国旗勋章，在抗美援朝的著名英雄中与黄继光、邱少云、杨根思并列的潍坊籍人物是（　　）。

　　A. 王尽美　　B. 庄龙甲　　C. 高守余　　D. 马保三

5. 1949年青岛解放后，担任青岛市市长的是（　　）。

A. 韩明柱　　　　B. 马保三　　　　C. 张玉山　　　　D. 李铁梅

6. 1946年6月26日，驾机起义飞抵延安的国民党飞行员是（　　）。

A. 王海　　　　B. 张积慧　　　　C. 刘绍基　　　　D. 刘善本

7. 创办华丰机器厂，被誉为"中国内燃机之父"的人物是（　　）。

A. 滕虎忱　　　　B. 丁执庸　　　　C. 尹炳文　　　　D. 陈介祺

8. 曾历任红三十二师师长、红一师师长、红七十三师师长等职，鲜为人知的潍坊籍红军名将是（　　）。

A. 庄龙甲　　　　B. 高守余　　　　C. 刘英　　　　D. 卢志英

9. 以昌潍和昌邑大地为背景，以昌邑人为原型的作品是（　　）。

A.《党费》　　B.《七根火柴》　　C.《黎明的河边》　　D.《草》

10. "渤海第三连，真正是模范。学习搞得好，生活能改善。从没开小差，飞机打不散。"赞美的是（　　）。

A. 临朐"挑子营"　　　　　　　　B. 陈毅担架连

C. 学生支前服务团　　　　　　　D. 安丘连

二、多项选择题

1. 1921年春，发起创建济南共产党早期组织的有（　　）。

A. 邓恩铭　　　　B. 庄龙甲　　　　C. 王尽美　　　　D. 卢志英

2. 马保三率领的抗日武装后来被改编为解放军东北野战军，为解放战争的胜利立下了赫赫战功。其参加的著名战役有（　　）。

A. 淮海战役　　　B. 平津战役　　　C. 潍县战役　　　D. 辽沈战役

3. 1945年，中共七大共选举中央委员44人、候补中央委员33人，其中的女委员有（　　）。

A. 蔡畅　　　　B. 邓颖超　　　　C. 何香凝　　　　D. 陈少敏

4. 1922年1月，参加在莫斯科召开的远东各国共产党及民族革命团体第一次代表大会的有（　　）。

A. 王尽美　　　　B. 邓恩铭　　　　C. 高君宇　　　　D. 马保三

5. 王愿坚参与的影片有（　　）。

A.《红灯记》　　B.《闪闪的红星》　　C.《四渡赤水》　　D.《大渡河》

6. 以下选项内容与王统照相关联的有（　　）。

A.《烙印》　　B.《创业史》　　C. 发起成立了文学研究会　　D.《山雨》

三、判断对错题

1. 1925年，庄龙甲在庄家村领导建立了潍县第一个党组织——中共潍县支部，在南屯村领导创建了山东省第一个农民协会。（　　）

2. 庄龙甲是潍县党组织的创建者，是齐鲁大地上的第一位县委书记。（　　）

3. 1925年秋，共产党员王全斌出任毓华学校校长，掌握了学校领导权，使这所学校成为党在潍县的活动基地。（   ）

4. 贫富阶级见疆场，尽美尽善唯解放。潍水泥沙统入海，乔有麓下看沧桑。"的作者是王尽美。（   ）

5. 新中国成立后，毛泽东主席亲自为在南京雨花台英勇就义的卢志英签署了中华人民共和国第60号烈士证书。（   ）

6. 为了支援潍县战役，张氏村村民主动捐献了已有一千多年历史，占地六十余亩的墓田松林。（   ）

7. 2015年9月3日，原籍潍坊的支前模范刘秀英应邀参加了中国人民抗日战争暨世界反法西斯战争胜利70周年大阅兵。（   ）

8. 1921年1月，潍坊诸城籍作家王统照参与发起成立了新文化运动史上第一个文学团体——文学研究会。（   ）

9. 王统照的长篇小说《山雨》和茅盾的代表作《子夜》，一写农村的破产，一写城市民族资产阶级的败落，犹如"双峰并峙"。（   ）

10. 臧克家1932年开始发表新作，以一篇《老马》成名。1933年他的第一部诗集《烙印》出版，得到闻一多、茅盾等前辈的好评。（   ）

参考答案：

一、单项选择题

1. C   2. D   3. D   4. C   5. B   6. D   7. A   8. C   9. C   10. B

二、多项选择题

1. AC   2. BD   3. ABD   4. ABC   5. BC   6. CD

三、判断对错题

1. 正确   2. 正确   3. 正确   4. 正确   5. 正确

6. 正确   7. 正确   8. 正确   9. 正确   10. 正确

第四章 潍坊红色文化之精神传承

第一节 革命理想高于天

一、王尽美烈士纪念馆

王尽美烈士纪念馆,1991年5月经中央宣传部、山东省委、潍坊市委批准修建。1991年7月1日奠基动工,次年7月1日正式落成开馆。该馆位于诸城城南三里庄水库坝北高坡,占地总面积63亩,累计投资总额480多万元。陈云同志为纪念馆题写"王尽美烈士纪念馆"馆名。

王尽美烈士纪念馆为双层平顶楼式建筑。一楼为二厅四室;二楼为通间大厅。一楼门厅,迎面映壁铜字镶嵌董必武同志题写的"忆王尽美同志"的诗篇。正厅为塑像厅,矗立王尽美同志汉白玉全身站像一尊,高2.8米,塑像对面映壁镌刻着巨幅"国际歌"的词谱,昭示王尽美一生为共产主义事业奋斗的一生。围绕正厅设四个展室,其中一、二、三展室以珍贵的历史文献、照片资料和文字及部分陈列实物,全面、系统、概括地展示了王尽美27年光辉而短暂的革命生涯和建立的丰功伟绩;第四展室陈列着江泽民、陈云、彭真、乌兰夫、徐向前、聂荣臻等党和国家领导人和山东省委领导及许多老一代革命家的亲笔题词,还陈列着介绍王尽美革命业绩的书籍刊物和以各种文艺载体编纂的戏剧脚本与剧照,深切表达了党和人民对王尽美的无比崇敬和缅怀之情。

该馆座落于诸城市南三里庄水库坝北高坡,府前街与南外环路交汇处,地势高阔、视野无际,环境优美,南眺马耳山、常山,与水库万顷碧波交相辉映,山色水光融为一体,蔚为壮观;北瞰市区全貌,城市风光尽收眼底;东毗全市教学中心,校舍楼群耸矗,书声歌声于耳;西依扶淇河,岸柳荫荫,水上公园与其毗邻,馆园内苍松翠柏葱茏,各种花草簇锦,石径幽雅,草坪如茵,芙蓉花树遍园芬芳。

王尽美烈士纪念馆是全市乃至全省进行革命传统教育、爱国主义教育和党员教育的重要阵地和中心,在精神文明建设中发挥着巨大作用。纪念馆自1992年开馆以来,接待党和国家领导人及省内外观览者约80余万人次。

1995年6月,被中共潍坊市委命名为"青少年活动基地"。同年9月被共青团山东省委命名为"山东省青少年教育基地"。同年10月,被中共山东省委命名为"山东省爱国主义教育基地"。同年11月,被中共诸城市委命名为"全市爱国主义教育基地"。2007年6月,被山东省委组织部命名为"山东省党员教育基地"。2011年5月,被济南军区命名为"革命传统教育基地"。同年8月,被山东省纪委命名为"山东省党风廉政教育基地"。

二、潍坊市革命烈士陵园

1952年建成的潍坊烈士陵园

潍坊市革命烈士陵园位于山东省潍坊市奎文区东风东街与鸢飞路交叉口,东侧与美丽的虞河为临,园区始建于1951年,占地50亩,园区内建筑雄伟,风格新颖,苍松翠柏,百花争艳,是潍坊市进行爱国主义教育的最佳场所。陵园整体主要由6处纪念建筑设施构成,分别为:革命烈士纪念碑、革命烈士纪念碑亭、革命烈士纪念馆、潍县战役烈士公墓、抗美援朝烈士墓区和革命烈士卧碑区。

革命烈士纪念碑是陵园的标志性建筑。纪念碑建于2000年10月,仿照了北京天安门广场人民英雄纪念碑的建筑风格,碑身高26米,碑的底座四周是一组浮雕,分别反映了建党初期、抗日战争时期、解放战争时期和社会主义建设时期,革命先烈们

坚定不移跟党走，不怕牺牲、艰苦奋斗、开拓创新、无私奉献的感人场景。

革命烈士纪念碑亭建于1983年，石碑上刻有四个时期共1408名烈士的姓名。2013年3月对碑亭内烈士纪念碑主体石材进行更换，重新篆刻、描金烈士名录。

革命烈士纪念馆以潍坊地方党组织的建立发展及其领导下的革命活动为线索，采撷中共潍坊历史上的一些重大事件、重要人物，用一个个历史瞬间，再现了潍坊地区党组织自1924年至1949年走过的光辉战斗历程，全面展现了这一时期潍坊地区共产党组织不屈不挠、浴血拼搏的革命历史，反映了潍坊人民在共产党的领导下所走过的光辉历程。这是潍坊宝贵历史文化资源的一部分，是弘扬烈士精神和培育形成社会主义核心价值观的重要依托。

潍县战役烈士公墓里面安葬着1366名在潍县战役中牺牲的烈士遗骨，包括无名烈士525名。2014年建成一座潍县战役烈士纪念雕塑，艺术形式为高浮雕石刻，主要石材为花岗岩。雕刻的是潍县战役中烈士们冲锋陷阵的感人场景，画面形象逼真，极具感染力。

抗美援朝烈士墓区内安葬烈士198名，是在抗美援朝战场上负伤后，经解放军第三军医所（即现在的89医院）救治无效牺牲的，2004年从坊子区烈士陵园迁移至此，四周青松环绕，环境优雅，烈士们长眠于此，象征着革命烈士精神永世长存，革命事业四季常青。

建有卧碑 100 个，安葬烈士 82 名，大部分烈士牺牲在社会主义建设时期，前排安葬着 5 名大革命时期牺牲的烈士，包括潍县第一任县委书记庄龙甲烈士及其亲密战友，曾任高密县委书记的王全斌烈士等。

潍坊市革命烈士陵园现安葬烈士 1806 名，含无名烈士 539 名，分别是在建党初期、抗日战争、解放战争和社会主义建设时期牺牲的烈士，有潍县第一任县委书记庄龙甲、高密县委书记王全斌等著名烈士，收藏部分宝贵的革命文物和较为详实的历史文献、图片资料。

建园伊始，潍坊市革命烈士陵园就以"褒扬先烈、教育后人"为宗旨，充分发挥爱国主义教育阵地的作用。1989 年被省政府列为"省级重点烈士纪念建筑物保护单位"，连续多年被表彰为市级"文明单位"。2005 年 4 月由团市委命名为"青少年革命传统教育基地"；2005 年 11 月，被省委宣传部命名为"省级爱国主义教育基地"；2009 年 3 月，被国家民政部确定为"全国重点烈士纪念建筑物保护单位"。

第二节 胸怀大局讲奉献

一、渤海走廊革命斗争陈列馆

渤海走廊革命斗争陈列馆位于山东潍坊昌邑市龙池镇，于 2019 年 6 月 29 日建成开馆。

1941 年春，位于渤海莱州湾南岸的昌邑、潍县、寿光三县北部沿海地区（以下简称"三北"），由我党开辟为抗日根据地。它东起胶莱河，西至寿光县东北部的榆树园子村一带，基本区东西长 120 多里，南北宽不过 10 余里，象一条带子，两头分别伸向胶东和清河抗日根据地，一度是胶东通往清河，进而转去鲁中的交通要道。中共山东分局和中共胶东区党委等机关，通过这条通道输送了大量干部、黄金和军用物资。在极为艰苦的岁月里,由于抗日军民的顽强斗争,这条通道从1941年春到1943年8月始终发挥着极其重要的作用,为山东乃至全国的抗战事业做出了很大贡献,被称誉为"渤海走廊"。

"渤海走廊"的形成

"三北"地区人民有着光荣的革命传统。1937年底和1938年初,我党在这里领导了抗日武装起义,创建了八路军鲁东游击队第七、八支队。后来,七、八支队虽然调离了"三北"地区,但深入的抗日宣传为这里以后形成"渤海走廊"打下了坚实的基础。

1938年4月,我党在胶东领导创建了蓬(莱)黄(县)掖(县)抗日根据地。此后,胶东党组织及其武装与中共山东省委之间的联系逐渐密切。5月,山东省委派从延安来的王文、高锦纯去胶东工作,8月,持毛泽东亲笔信的尉迟仁经山东省委赴胶东执行任务;1939年11月,山东分局负责人黎玉到胶东视察工作。同时,胶东的党和军队的负责人也不断去省委汇报工作。由于当时胶济铁路东段日伪军控制得比较紧,所以,无论是中央、省委的干部去胶东,还是胶东的同志到上级机关,都要途经清河地区和"三北"地区。

1938年5月,山东省委鉴于当时局势,指示胶东特委:要尽快打通胶东与鲁中、胶东与清河的道路,万一在胶东站不住脚时,可以将胶东的武装撤到鲁中地区或清河地区。根据这一指示,胶东特委于8月指挥"山东人民抗日救国军第三军"西进,攻占了掖县西部的沙河镇,接着,又组织了东方工作团到"三北"地区活动。12月,胶东区党委成立后即派梁辑卿到昌(邑)潍(县)北部开展工作,并指示他,发展党的组织,组织抗日武装,确保胶东与山东分局及中央的沿海交通。梁辑卿到昌潍后,组建了中共胶北特委,领导昌邑,潍县人民开展抗日斗争,并创建了抗日武装——昌潍独立营。1939年夏,胶东区党委又派徐子安、车学藻等到昌潍担任军事领导工作。这时期,"三北"地区党的工作有较大发展。

1939年7月,胶北特委撤往胶东,并随即撤销,胶东区党委没有及时在"三北"地区建立新的党的领导机构,使这一地区党的组织在一段时间内处于无组织状态。1940年春,昌潍独立营升级为主力部队,调离昌潍。此后,"三北"地区形势又趋紧张。1940年上半年日伪军在"三北"地区到处横行,中共昌潍中心县委书记王炳亮、副书记李毅先后牺牲,我交通线受到威胁。

1940年4月,日军集中力量对鲁南、胶东等抗日根据地进行"扫荡",山东各根据地之间的联系愈益困难。6月,滨海地区莒日公路以北被日伪顽占领,胶东至山东分局(驻沂蒙山区)的诸莒沂交通线(胶东区党委与鲁东南特委于1939年底共同创建)中断。8月,为了密切山东党组织的上下联系,克服敌人"扫荡"造成的根据地之间联系的困难,山东分局指示山东各地党组织,"加强对战时交通工作的组织和领导"。随后又指出:"必须将各个根据地作联成一片的发展,才能消除孤立与不巩固现象。"在此情况下,胶东区党委加强了对交通工作的领导:一是健全了交通工作机构,区党委和下属各地委都设立了交通科,并配备、充实了干部;二是组建了交通部队,专门负责执行交通护送任务。与此同时,区党委采取有力措施,加强了我党在昌潍地区的力量。9月,区党委帮助昌潍中心县委组建了昌潍游击大队,并为部队配备了干部和武器。10月,区党委派巡视团到昌潍巡视检查工作,随后,调整了昌潍地区党的领导机构,并派黄海岩、邢明等到昌潍工作。此时,昌潍党的各项工作发展很快。1941年2月,昌邑县政府在瓦城镇正式成立,昌潍北部沿海地区至此已初步形成抗日根据地。

随着根据地的逐渐形成,胶东与清河和鲁中之间的交通状况得到很大改善和发展,我过路干部和部队可以在根据地落脚休息。因此,山东分局以及胶东、清河两区的党政领导同志开始称"三北"地区为"渤海走廊"。

"渤海走廊"横跨3个县,包括40多个村庄,昌潍根据地是它的主体,其重心在昌北。"渤海走廊"的北面是海,南面是日伪顽占领区,西面有日伪军侯镇、羊角沟两大据点以及郑家庄、央子、宅科、李家湾、宋家庄、道口等小据点。上述据点沿寿(光)羊(角沟)公路排列,把"渤海走廊"与清河抗日根据地分开,东面与大泽山抗日根据地之间有日伪军沙河、夏邱堡据点和国民党顽军占领区相隔。

"渤海走廊"形成后,胶东与鲁中和清河的联系更加密切。主要表现在:一是大量干部通过"渤海走廊"来往于胶东和鲁中,这些干部中,有胶东派赴山东分局和中央学习、受训、参加会议或执行其他任务的,有分配或调动工作的,也有机要交通人员,还有到胶东检查指导工作的上级领导同志;二是胶东每年有相当数量的黄金、货币和药品,军火等物资通过"渤海走廊"运往鲁中根据地,山东分局也有文件、印刷品等送往胶东。"据不完全统计,抗战期间,招远人民为我党我军贡献很多黄金。仅1940年,工会书记苏继光和陈文其等人,就秘送黄金至延安达2万多两。累计达到13万两。"三是胶东与清河和鲁中之间部队调动,如1941年2月,许世友率清河独立团赴胶东参加反投降作战,以及同年9月胶东抗大支校校长贾若瑜带山纵五旅青年营去鲁中,都经过"渤海走廊"。

当时,过往"渤海走廊"的干部大都有部队护送,其行动具有一定的规律:西行,一般是先到大泽山根据地,天黑以后出山区,一夜之间行程近百里,从夏邱堡和沙河日伪据点以北,穿过顽军占领区到达昌北;在昌北休息一两天,通常住下营、瓦城、龙池、辛安庄、渔尔堡、赵家、大阁家等村;然后,通过潍北,到达寿光境内的榆树园子村一带;在此稍作休息,天黑以后即从央子,宅科两村附近越过敌人的封锁线,进入清河根据地;东行,天亮前从清河根据地出发,越过封锁线,当天行至昌北,休息一两天后,再趁黑夜插到大泽山;遇到敌人"扫荡",陆路交通危险时,即走海路,从下营上船,东行一般在掖县黑港口上岸,西行到达垦利。胶东至清河段的交通主要由山纵第五旅交通营负责护送,昌潍地方部队有时也担任护送任务。从清河至鲁中段的交通护送由清河部队负责。

"渤海走廊"的建设和发展

"渤海走廊"形成时，正值抗日战争进入最艰苦最困难的时期。为了巩固"渤海走廊"，我党采取了以下措施。

第一，成立寿潍二边办事处。1941年2月，清河区清东地委遵照上级指示，在寿光榆树园子村一带成立了寿潍二边办事处。其任务是，以寿光九区北部为基地，负责接送过路的部队和干部，保证他们的安全。清河区党委曾多次指示办事处，要想尽一切办法，保证"渤海走廊"畅通。

第二，建立地下联络站。为了对付敌人的扫荡和蚕食，确保"渤海走廊"的安全，清河区清东地委在"渤海走廊"的西端至清河根据地东端的地区内，沿交通线在榆树园子、宅科、北河、杨家庄、寇家坞、木桥头、三岔等村设立了若干个地下联络站。联络站的负责人大都由村里的党员干部担任。

第三，加强根据地内的民主政权建设和群众工作。1941年2月，昌潍根据地第一个抗日民主政权——昌邑县政府成立后，中共昌邑县委在其辖区内组织实施了一次全民普选，选出了群众信赖的村、乡、区各级行政机构的领导成员，选举产生了乡、区参议会。通过普选，从政治上团结了各阶级、阶层，调动了各方面的积极因素。与此同时，昌潍两县党组织在广泛发动群众的基础上，领导所辖的各区、乡、村建立了"各界抗日救国联合会"，发展了自卫团组织（以后改为民兵）。1941年春，仅昌邑县基干自卫团员就达5000余人。民主政权建设和群众组织的发展，使根据地得到巩固。

第四，充实昌潍党政军力量。1941年秋，中共山东分局指示胶东区党委派得力干部，加强昌潍根据地，确保"渤海走廊"。同时，山东军政委员会电令山纵五旅，一定要从部队中抽调干部，去加强昌潍地方武装的领导和对敌斗争。根据上级指示，胶东区党委和山纵五旅先后派出刁一民、姜克林、李力超、宫愚公等一批干部到达昌潍，担任了党政军主要领导职务。胶东第三军区还从招远独立营调一个连充实了潍县县大队。

第五，统一"渤海走廊"地区的领导。1942年夏，山东分局和山东军政委员会根据"渤海走廊"地区部分归胶东区，部分归清河区，隶属关系不统一的情况，采取了新的措施：将潍县、昌邑两县由胶东区划归清河区。12月，清河区党委决定，将寿光的九、十两区与潍县的四、五两区合并，成立寿潍县。这样，整个"渤海走廊"地区由清河区清东地委和专署统一领导。以上措施的实施，使"渤海走廊"得到巩固，度过了最困难的时期。

保卫"渤海走廊"的斗争

"三北"地区形成"渤海走廊"期间，日军不惜派重兵，采用"扫荡"、"蚕食"等种种手段，妄图消灭这块抗日根据地，切断我胶东与鲁中和清河之间的交通。当时"三北"及附近地区敌我军事力量对比十分悬殊。1941年至1942年，"三北"及周围地区直接与我根据地军民对峙的日伪军达2500人以上，其中日军约400人（日伪"扫荡"兵力不计）；直接与我交锋的国民党顽军有5000人左右。而我们只有昌邑独立营和潍县县大队；共400余人，加上区中队，总计650人左右。

为了保卫"渤海走廊"，根据地军民在党的领导下，与日伪顽展开了艰苦卓绝的斗争。

（一）反扫荡

从1941年春开始，日军对昌潍根据地的扫荡日益频繁，1942年达到顶峰。扫荡的花样甚多，手段毒辣，有"分进合击""反复拉网""梳篦清剿""铁壁合围""长途奔袭"等。我抗日军民为粉碎敌人的扫荡，采取了如下的对策：

一是加强情报工作，掌握反扫荡的主动权。在与我根据地接近的所有敌据点和重要的边沿村庄设立了地下情报点，建立起一个传递消息迅速、可靠的情报网。我情报人员以各种身份为掩护，有的开酒馆、卖烟茶，有的以劳工身份混到敌据点当伙夫、杂工，还有的通过关系打入伪军的指挥机关，或在伪组织人员中发展关系。为了统一掌握情报，昌邑县委和独立营在根据地内的郭瞳村设立了固定的情报站，规定除了一些特殊的情报点外，其他各点不管敌情有无变化，每天定时将敌情报送到郭瞳。情报站将情报汇总分析，写出敌情通报，然后派专人送到县、区部队和地方机关。由于比较及时、准确地掌握了敌情，因此，我部队和地方机关在反扫荡斗争中一直没有受到大的损失。

二是独立营穿插敌人侧翼，区中队鱼沉水底。敌人扫荡到来时，我独立营（或县大队）的行动要领是，迎着敌人来的方向转移，选择敌人侧翼不可能经过的村庄和地形隐蔽，避开敌人扫荡中心，万一暴露时，即打垮侧翼之敌，摆脱敌人。各区中队在敌人出动的前一天夜里，分别向敌人据点周围转移，避开敌人可能经过的村庄，隐蔽到敌占区内一两户群众家中，严密封锁消息，待机而动。这种做法，叫做"鱼沉水底"。

三是发动群众改造地形，改善反扫荡的环境。1941年冬，昌潍根据地的党政军领导机关决定，学习冀中平原抗战经验，动员广大军民挖抗日沟，改造地形。到1942年春耕前，抗日沟象蜘蛛网一样出现在"三北"平原上，基本做到了村与村相通，县与县相连。所有的抗日沟连翻土深都在两米以上，宽度有的可行马车。沟内每隔百米挖有阶梯和观察、射击的掩体，在通往村内的街口处，筑有相互交错的短墙，短墙上留有射击孔，从村外看不到村里的情况。这些抗日沟挖成后，使敌人行动受到很大限制，而我军民借助它进行转移、作战十分方便。

四是发动民兵广泛开展破袭活动。为了便于反扫荡斗争，根据地党组织发动民兵破坏敌人的通讯和交通设施。昌邑县卜庄、龙池等村民兵破袭队，将敌人从昌邑城青乡据点几十里的电话线，常常在一夜之间割去大半。卜庄民兵两个月内在烟潍公路割电话线千余斤，伐线杆30余根。

（二）反蚕食

1941年，日军在加紧对昌潍根据地进行扫荡的同时，开始了蚕食活动。同年冬，日军决定从青乡据点往北挖一条宽15米、深5米的大壕沟，一直通到海边，然后引潍河水注入沟中，企图以此分割我根据地，切断我交通线。为此，青乡据点的伪军天天强迫周围村庄的群众冒着严寒出工挖沟。为了反击敌人的蚕食，昌邑县委和独立营决定，派带短枪的战士化装混入群众之中，在工地上寻机枪杀看押群众的伪军，群众在我地方干部的带领下，枪响后就跑回家去。这样搞了五六次，弄得敌人无法防备，只好放弃了挖沟计划。

1942年5月和1943年5月，日军先后在我根据地内昌邑县的李家泊和徐家庄安设据点，企图切断我"渤海走廊"的交通。李家泊，徐家庄和青乡3个据点成三角形楔入我根据地之中，使本来面积很小的根据地出现了严重退缩和支离的局面。针对这种情况，党领导根据地军民包围和封锁了敌人据点，将敌人困住，终于粉碎了敌人的这一企图。具体做法是：(1)普遍地动员人民群众，搞好坚壁清野和反奸防特工作；(2)在敌人据点及周围村庄建立受我党控制的两面政权；(3)积极发展据点及周围村庄我党的地下组织和民兵组织，严厉打击汉奸活动；(4)所有常进据点的人员，都要经我区委审查，要求他们将敌人的动态、企图及时报出，并严守我党我军机密；(5)区中队、县大队（原独立营）严密监视敌情，随时打击据点外出窜扰之敌，迫使敌人龟缩在据点，不敢轻易活动。

（三）反土顽

"渤海走廊"的周围，除了日伪军，还有大量国民党土顽部队：王尚志的苏鲁战区游击第四纵队第十支队千余人盘踞在昌邑城东南一带；张景月的山东保安第十五旅第五团2000余人霸占着昌邑城西一带，该旅二十八团2000余人占据潍县西部地区；厉文礼的苏鲁战区游击第二纵队第三支队近两千人控制着潍县东北部地区；寿光北部是十五旅的老巢，驻有数千人马。1941年，我"渤海走廊"形成后，国民党土顽部队根据蒋介石防共限共的方针，积极向北扩张，不断制造磨擦，残害抗日军民，严重危及我交通安全。1942年以后，这些土顽部队加紧与日军勾结，有的公开投降。1943年3月，厉文礼率苏鲁战区游击第二纵队公开投敌，其他土顽部队也与日军妥协，同时变本加厉地进攻我根据地。

面对国民党顽固派的进犯，我党我军一面公开揭露其投敌反共的罪行，一面从军事上予以坚决反击。自1941年至1943年，抗日军民击退了顽军四纵队、二纵队、十五旅等数十次进犯。

（四）反经济封锁

1941年以后，日伪顽对我根据地除了进行频繁的扫荡、蚕食和进犯以外，还实行严酷的经济封锁，企图从经济上把根据地搞垮，从而达到破坏"渤海走廊"的目的。

为了战胜严重的经济困难，根据地党和政府领导军民广泛开展了生产自救运动。

在"自己动手,丰衣足食"的口号鼓舞下,各机关、群众团体和部队以极大的热情一边工作、战斗,一边参加生产。1941年,昌邑县大队在马渠村西面的大洼里开荒种小麦1000多亩,一季就收获小麦10万多斤,做到了口粮基本自给。昌潍两县党政干部除了开荒种地,纺线织布进行自给性生产,还从事商品生产。1942年,昌邑县政府在辛安庄的办了酿酒厂,一年的收入相当于全县田赋的总额。除此之外,政府还发放贷款,帮助群众发展生产,扶持群众开办小油坊、小机坊等。还帮助靠海的蔡家央子、固堤场、峰台、利渔、炉户、渔尔堡、下营等村群众恢复了渔业和盐业生产。

根据地生产的发展,不仅改善了抗日军民的生活,战胜了日伪军和国民党顽固派的封锁,而且改善了党政军民关系,使根据地和"渤海走廊"更加巩固。

1943年7月,滨海、鲁中和胶东部队奉山东军区命令进驻诸(城)日(照)莒(县)一带山区,同时打通了鲁中和滨海、胶东的联系。同年8月,胶东去往山东分局的干部及物资,即改道从高密境内越过胶济铁路,经滨北地区到达分局驻地——莒南县十字路、大店一带。至此,"渤海走廊"由上述通道代替。

英雄的"三北"地区军民广泛开展灵活多样的游击战争,在茫茫海滩创造了一个个置之死地而后生、以少胜多、以弱胜强的光辉战例,谱写了一曲曲"红心向党、以死向生"的英雄赞歌。涌现出被敌人活剐38刀而壮烈牺牲的党员干部、"一门四英""一门五英"甚至"一门六英"的模范家庭、宁可牺牲亲人绝不暴露我军行踪的英雄少年、踮着小脚日夜为我军通风报信的革命母亲、双腿炸断仍抱着炸药包扑向敌人的钢铁战士和一次参军115人、一砖一瓦都红透了的堡垒村庄,等等。人民群众是保卫渤海走廊的坚强力量,在党的领导下,觉醒的根据地人民,积极投身渤海走廊保卫战,用鲜血和生命筑起一道坚不可摧的铜墙铁壁,艰苦岁月军民同仇敌忾、血脉相连、生死与共,潍北人民"最后一把米拿去当军粮,最后一尺布用来做军装,最后的老棉被盖在担架上",那种经过生死考验的"双拥情"格外感人至深、催人泪下。没有最广泛的人民群众的支持,没有普通百姓群众对党和人民军队的热爱和拥护,就没有渤海走廊的存在和畅通。据统计,抗战期间,"三北"地区以牺牲80多名县区党政军领导干部、近1500名革命烈士和伤亡1.9万名群众的沉痛代价,换来了"渤海走廊"的绝对安全畅通。

拓展阅读

艰难时期不忘百姓　解决村民用水难题

寿潍县成立后,带领全县军民,积极开展生产自救、努力为群众解决问题,形成了党政军民团结一心,保卫"渤海走廊"的良好局面。

寿光九区大家洼一带淡水缺乏,百姓靠天吃饭。寿潍县政府为了解决寿光九区周疃等村的吃水问题,组织群众1600余人治理弥河一段。新挖河道3里,修复旧河道25里,引弥河从南陈村东头绕周疃村前,再向东北入海,解决了沿岸20余个村庄、1520余户村民的饮水和9000多亩土地的灌溉问题。此举在根据地产生了巨大反响，百姓把感激之情化作具体行动，投身抗日斗争之中，涌现出了许多堡垒户和英雄人物。其中，王学贵舍生取义至死保守秘密的事迹在根据地影响深远。

王学贵是固堤场村人，1885年出生在一个贫困的农民家庭，幼年时跟随父亲务农，稍大后便与村邻到海上捕鱼捞虾。贫穷和苦难的生活塑造了他嫉恶如仇、刚直大胆的性格。

1943年5月，在日伪军疯狂"扫荡"下，寿潍县委、县政府下设的农救会、青救会、供给科、粮站等8个单位、百余抗日干部和家属暂时转移到寿潍县北部央子、固堤场村，并将大量物资存放在村内。5月18日，日伪军数百人，从固堤、泊子一带，赶到潍北偷袭。幸亏我地下交通人员及时报信，8个单位的工作人员在群众的帮助下携带物资转移到海上。日伪军扑空后，抓住了固堤场村王学贵、郑相贞两人。当晚，日伪军强逼他们带路寻找寿潍县机关。天色漆黑，王学贵利用路熟的条件，和郑相贞紧密配合，领着日伪军进入北部荒滩。他们忽而东，忽而西，与敌人周旋在海滩上，搞得日伪军晕头转向，一直转到天亮，也没走出荒滩。发现上当受骗的日军士兵，气急败坏，嚎叫着将王学贵乱刀捅死，又朝其尸体开了数枪。

王学贵为了保护百余名抗日干部和家属，献出了自己宝贵的生命。

"三北"军民背负着从中央到省委和各根据地党委以及千千万万军民的殷切期望，在民族危亡国难当头的紧要时刻，浴血奋战，经受了难以置信的挫折考验，用血肉之躯保卫着这条坚不可摧的"钢铁走廊"，保证了这条红色生命线绝对畅通、绝对可靠。大批医药、粮食、食盐、棉花等战略物资来往运送胶东和清河、鲁中根据地，为在困难中的山东抗战解了燃眉之急，经过这里，向延安续运了支持中国革命胜利的13万两黄金，并且无一两丢失、无一人携金叛逃；来往运送了弹药、药品、粮食、棉花、食盐等大批军用物资，为山东抗战提供了有力保障；爱党、爱军的潍北人民箪食壶浆，迎来送往了数十万南征北战的英雄部队，奔赴壮阔的战场；密送了400多份重要文件，使党的抗战声音及时传送到胶莱大地、清河两岸。渤海走廊在当时发挥着护送过往干部、协助跨区调兵、密运战略物资三大历史作用。这条红色走廊为中国革命胜利作出独特贡献，谱写了惊天地、泣鬼神的又一英雄诗篇。

保卫渤海走廊波澜壮阔的斗争，距今已近80年历史，它所形成的"忠于使命，勇于担当，顾全大局，无私奉献"的优良传统今天仍然散发着耀眼光芒。为更好传承渤海走廊红色基因，为了传承好这笔宝贵的红色遗产，潍坊市针对红色文化资源丰富这一优势，着重建设了"211"渤海走廊党员干部党性教育、部队官兵英雄主义教育、社会群众爱国主义教育、青年学生思想道德教育基地，建设了200处红色村史馆、11个专题展馆、1个主体展馆。目前，渤海走廊革命斗争陈列馆主体馆、68处红色村史馆、11处专题展馆已建成投用，不仅初步构筑起了全域性红色文化、双拥教育基地，而且还成为胶东红色党性教育和临沂红色党性教育基地的重要链接点，打造了新时代、新时期红色文化、双拥教育的"渤海走廊"。截至 2021 年 4 月 13 日，该教育基地已接待现场参学团队 3921 批次、21.9 万人次。其中，"渤海走廊革命斗争陈列馆"还荣获全国唯一的中国红色文化陈列展览精品工程金奖。

渤海走廊革命斗争陈列馆

二、华东保育院旧址

华东保育院位于青州市弥河镇大关营村。1994 年在其旧址建纪念室一处，陈列历史图片等。2000 年 10 月立纪念碑一座，成为对外开放的爱国主义教育基地。2020 年建成华东保育院党性教育馆。

1948 年春，伴随着人民解放战争战略进攻的胜利号角，中共中央华东局、华东军区领导机关进驻青州——闵家庄。时值华东军政中枢运筹帷幄，准备大军南进逐鹿，势在决战之时。为安置保护随军干部子女和烈士遗孤，妥为抚育以纾后顾，华东局于 1948 年 4 月决定创办华东保育院，任命李静一为院长，邓六金为政治协理员。李、邓亲率创始同仁，力任其难，从简就陋，于弥水之滨的大关营村始建华东解放军首所保育院（这里距华东局机关驻地 2 里路，距县城 20 里路左右，对保育院就近接受华东局的领导和随时南下搬迁、在益都火车站乘坐火车，都有非常有利的条件。）。

按照"一切为了解放战争的胜利，一切为了革命后代健康成长"的办院宗旨，保育院一开办就确定了它的教学方针：实验新民主主义的儿童教育，培养集体生活习惯，提高生活能力，发展智力，提高文化，锻炼体格，培养服务精神，奠定参加新中国建设事业的思想基础。保育院第一批接收的孩子 62 人，根据不同的年龄段，分为 3 个班：3 至 4 岁的 18 人，为幼稚小班；4 岁半至 6 岁的 22 人，为幼稚大班；6 岁以上至 10 岁的 22 人，为小学班。后来，各班的人数逐渐增加，到 1949 年初，又增加了一个幼儿班。与此同时，这些班采取了保育员负责制，即一个保育员固定一两个、三四个孩子，白天照顾孩子学习、活动，夜晚带最小的孩子睡觉。小学班的孩子文化程度高低不一，分为一年级上、下学期和二年级上、下学期四种类型，在班内分组实行复式教学。随着入院孩子的陆续增加，小学班又分成了初级、高级两组，仍然采用复式教学方法。

当时孩子吃住在农村，条件比较艰苦，吃水需要先用桶从井里打上来，再挑回保育院里，粮食柴草要用马车从几十里以外运回来，蔬菜副食要天天赶马车到集市上去买。保育院刚成立的时候，大批粮食支援了前线，后方的粮食很紧缺，上级配给保育院的只有白薯粉。孩子们本来就面黄肌瘦、营养不良，又整天吃白薯粉，院长李静一和协理员邓六金特别着急。为了让孩子们吃饱吃好，保育院的工作人员不辞劳苦，多方奔走。在他们的努力下，各方面向保育院支援了白面、大米、猪肉，华东局还向保育院拨了5头奶牛、4只奶羊。当时，按供给标准，孩子们的主食是红薯、小米、煎饼，菜金是很少的。分管营养的保育科科长文芸和总务科的同志，就把孩子们按标准供给的吃不完的粮食换成豆子，磨成豆浆，做成豆腐，以改善伙食。而为了给孩子们增加钙质，除炖骨头汤外，文芸和老炊事员还一起做醋，用醋焖酥小鱼，让孩子连鱼带骨头一起吃。此外，他们还想方设法粗粮细做、制订食谱、变换花样、调剂饭菜，增加孩子们的食欲。对身体较差或体弱多病的孩子，他们还按"病号菜金"标准，另做"病号饭"并增加牛羊奶的供应。经过一段时间的调养，孩子们脸色红润，个头儿也不断增高，一改瘦弱模样。在卫生保健方面，华东保育院也做得比较完善。该院制定了一系列卫生保健制度，如餐具顿顿消毒，饭前饭后洗手擦嘴，毛巾手帕常洗蒸煮，被褥定期晾晒拆洗，床单枕巾定期洗涤，定期洗澡、理发、剪指甲，按季节注射预防针等。由于缺医少药，保育员最怕传染病来袭，因为一病就可能是一大片。一次，一个班的孩子全得了麻疹，后在保育员们的精心护理下，多数孩子很快就痊愈了，惟有一个1岁多的小女孩并发了肺炎，高烧几天不退，昏迷不醒。在当时的医疗条件下，只有青霉素能救小女孩，可整个华东局也找不到一支，怎么办？邓六金见状万分焦急，在听说济南可能有青霉素，她当机立断，要了两匹马，带领一名医务员，连夜从大官营出发，一口气跑了300多里路，来到刚刚解放的济南，在一个教会医院买到了两盒青霉素，并连夜返回保育院给病重的小女孩实施注射。得益于此，小女孩不久便转危为安。据资料记载，华东保育院在大官营村期间，共发生过3次流行性传染病，生病儿童87人，在全院教职工的努力下，孩子们最终全部康复。

保育院创始前辈不辞辛苦，为抚育革命后代呕心沥血，垂爱至深，使幼童沐春晖、润雨露、获新知、强体魄，在烽火摇篮中健康成长，创解放区保教事业之典范。1949年3月，华东局暨华东军区挥师南下，大官营村附近的驻军少了。为安全和南下方便起见，保育院搬到了益都城里的天主教堂。5月27日，上海解放。6月，保育院接到南迁命令。李静一、邓六金率保育院孩子85人（部分孩子随家长留在山东），踏上南下的火车。据史料统计，从开办到南迁，华东保育院共接收1至10岁的小孩137人，这些孩子日后大都成为军事将领和高级干部。

近几年，曾庆红、陈昊苏、毛巧、舒关关、罗新安等领导同志曾先后重游青州故里，查询保育院旧址，重访曾经工作、学习和生活过的地方。触景生情，他们依据当年的照片，找到当年吃水的老井，拍手唱起当年的儿歌，无不深情满怀，感慨万千、热泪盈眶……

2015年5月，上海市市立幼儿园与青州市大关营华保幼儿园签定了《合作共建协议书》，将对幼儿园进行共建。

> 📖 **拓展阅读**
>
> ### 中共中央华东局
>
> 抗战胜利后，面对国民党内战阴谋，中共中央于1945年9月确定了"向北发展，向南防御"的战略方针，命令山东八路军主力跨海赴东北，控制具有重要战略地位的东北地区；华中新四军主力北上山东，巩固山东根据地。与此相适应，山东分局改为华东局，陈毅、饶漱石到山东工作；华中局改为分局，受华东局指挥。根据中共中央的战略部署，1945年10月初到11月底，中共山东分局书记罗荣桓率领山东主力部队70000余人和地方干部4000余人奔赴东北。随后，新四军军长陈毅和原中共华东局书记饶漱石率新四军主力北移进入山东。同年12月，中共华东中央局（简称华东局）在山东临沂正式成立，饶漱石任书记，陈毅、黎玉任副书记，统一领导山东、华中两大战略区的党政工作。华东局机关开始驻临沂，1947年转移到诸城、五莲一带。华东局成立后，原来属于山东分局的胶东、渤海、鲁中、鲁南、滨海5个区党委，直接由华东局领导。同时，积极领导和组织华东野战军的军事斗争，先后取得鲁南战役、莱芜战役、孟良崮战役等重大胜利。

三、渤海湾畔的红色堡垒——马渠村

马渠村，位于昌邑北部渤海滩头的龙池镇，是一个近千户、3000多人的大村。

顽强斗争——根据地里的"根据地"

1937年七七事变后，在潍县广文中学求学的魏惜珍、李杰等回到家乡马渠村开展抗日救国活动，经孙汉三介绍加入中国共产党，在马渠村建立了最早的党支部。日军侵占昌邑城后，中共鲁东工委和昌邑县委在瓦城村领导抗日武装起义，成立了八路军鲁东抗日游击队第七支队，马渠村把几十名青壮年送到了部队，马渠村成了七支队活动的基地之一。1938年八支队与七支队在这里胜利会师。

整个抗日战争时期，昌邑县委和独立营大部分时间吃住在马渠村，马渠村成了昌北根据地的核心。

1940年春，马渠村成立了自卫团。10月，柳疃日伪据点的敌人让马渠村村民到据点照相，办"良民证"。马渠村党支部发动群众坚决抵制，全村没有一人去照相。估计到敌人肯定不会善罢甘休，党支部组织群众做好了应敌准备。一天，敌人由柳疃据点向马渠村扑来，村自卫团青壮年迅速带着枪支弹药迎击敌人。毫无准备的敌人失去了进攻能力，撤回了据点。从此，柳疃据点的小股敌人不敢再骚扰马渠。

1941年冬，为了改变不利于游击战的平原地形，上级号召挖"抗日沟"。马渠村男女老少齐上阵，奋战42天，在村西大洼里挖了宽1至2米，深2至2.5米，纵横交错，形同蛛网的长达80多华里的"抗日沟"。同时，对村内的地形进行了改造。堵大门开小门，截大街转小巷，群众家里挖地道、砌假墙。进犯的敌人像进入了迷魂阵，到处被动挨打。马渠成了敌人望而生畏的堡垒，再也不敢轻易进犯。

英勇善战——马渠民兵威震昌北

自卫团与柳疃据点的敌人首战告捷后名声大震，县区奖给了自卫团部分武器，改善了装备。以后，民兵们不但在自己的家乡保卫县委，保护群众，还经常配合主力部队到处打击敌人。"调马渠的民兵"，这是战争年代我军在昌邑北部打大仗时，指挥员无数次说过的一句话。马渠的民兵成为昌邑群众武装力量的一支生力军。

1943年4月的一天，马渠的民兵参与了昌邑武装斗争史上的首次打汽车战斗。马渠村参战的50余名民兵，配合县大队二连，截击护送伪山东经济开发署的刘洪祥去柳疃勘探地形的日伪军车队。民兵埋伏在道路两侧，待敌人汽车接近时，将铁耙倒着扔到马路中央，挡住汽车去路。战士们一齐开火，仅用十几分钟，就生擒了大汉奸、水稻专家刘洪祥和3名日军、10余名伪军，缴获汽车1辆，长短枪10余支，其他物资一宗。

5月，日军在马渠以北十几里的徐家庄安了据点，企图切断"渤海走廊"。县委和县大队又调马渠民兵参加"围困战"，使敌人断水断粮。30多名马渠民兵用出殡抬棺材用的"大架子"把一门几吨重的生铁炮抬到据点下，对敌炮楼进行炮击，吓得敌人一连十几天彻夜防范，最后不得不撤离了这个据点。

抗战中，马渠的民兵队伍愈战愈壮大、愈坚强，在解放战争中发挥了更大作用。

1947年冬，昌邑县已经解放，但相邻的寒亭一带的国民党军不时东侵我根据地边沿地区。县武装部调马渠民兵魏树甫带爆炸队用地雷封锁寒亭，阻止敌人东犯。上阵不到10天，炸死敌人13名，寒亭守敌不敢再向东进犯。事后，魏树甫被县委授予"爆炸大王"称号，西海军分区授予其一等功奖章。

勇挑重担——妇女顶起半边天

在残酷的战争年代，马渠的妇女们也不甘示弱。她们站岗放哨，拥军优属，英勇顽强，无私奉献，比男人毫不逊色。

马渠村的第一任妇救会长陈志强，不顾个人和家庭安危，把自己的家贡献出来，成为党的秘密活动场所。1940年秋末的一天，县委民运部长马骏等4人驻在马渠村开展抗日工作，一股日伪军突然窜进村来，撤离已来不及。陈志强果断地让马骏等4位同志藏在自家的地洞里，自己留在上面应付敌人。任凭敌人威逼利诱，陈志强只有3个字"不知道!"敌人没有发现任何破绽，悻悻地离开。

抬担架，救伤员，本来是男人们的事，但马渠青壮年民兵经常配合部队打仗，妇女便主动挑起这副重担。1944年12月，县独立营打虫埠据点的战斗中，马渠村妇救会组织妇救会员组成担架队和救护组救护伤员，全然不顾个人安危。县独立营的领导赞扬她们"赛过男子汉"。

1945年1月22日，与日伪联手反共的国民党"山东挺进军十五纵队"衣完斋部1500人，在马渠村建了据点，妄图伺机大举进犯昌北根据地腹地。昌潍独立营决定清除驻在马渠的敌人。马渠村妇救会长迟秋葵主动承担了侦查任务。她以送开水为由侦查敌据点的设防情况，扮奔丧的孝妇，巧妙地躲过敌人盘查，送出了情报。

24日晚饭后，部队根据迟秋葵提供的敌据点情况，制定作战方案，将敌据点"三官庙"合围。战斗打响后，村里的群众纷纷主动支援，运送弹药，救护伤员。怀孕的妇女摒弃迷信，为牺牲的同志整容、收殓；未婚的姑娘冲破封建思想，为受伤的战士换衣、擦洗。在马渠村民的支持下，这一仗，毙、伤、俘敌人1200余名，只有不到300人漏网逃窜。

1945年5月，马渠村的30多名身强力壮的妇女由陈志强带领，赶着装满了鞋袜、毛巾、活鸡、鸡蛋等慰问品的马车奔赴100里外的侯镇慰问部队。她们发放慰问品，走访伤病员，扭起秧歌与军队联欢，为战士们烧水做饭，洗衣服，缝被褥，激励了战士为民杀敌的高涨热情。

踊跃参军——"革命干部的摇篮"

马渠村在战争年代，参政、参军的多，出干部多，闻名昌邑。抗日战争时期，全县9个区先后25任书记中有10人来自马渠。到解放战争时期，马渠村在县、区担任领导干部的达26人。原赁铺胡同出过6位区以上干部，被人们称为"书记胡同"。1957年统计，该村在职的县团级以上干部达57人。人们赞誉马渠村是"革命干部的摇篮"。

1938年10月马渠村党支部建立后，首先把党的建设列为工作重点，积极培养、教育先进分子发展党员。到1939年上半年，全村已发展党员20余名；到1943年，随参军、参政外出的党员总数达80余名；1945年抗战结束时党员达100余名；建国时，全村已发展成为3个党支部包括150多名党员。

在革命战争年代，党的教育和革命斗争实践，开阔了马渠群众的眼界，拓宽马渠群众的胸怀。抗日战争时期，全村参军参政的达480余人，出现了许多一门二英、三英的光荣人家。解放战争时期，县区领导考虑到马渠村的实际情况，一般不在该村发动参军。但每次有参军任务，马渠的青年总是积极应征。1946年大参军，上级研究该村最多出一个排，但几百名民兵争相报名，经过反复动员压缩，最后还是去了50人。1947年冬，为支援全国解放战争，昌北县委动员青年踊跃参军，马渠村一次参军115人，再次轰动了全县。抗日战争和解放战争中，全村有39人为国捐躯，22人负伤致残。到新中国成立时，马渠村烈、军、工属达370余户，占当时总户数的44%。

现在，马渠村的魏坚毅、陈志强等20多处故居和机枪连、宣传部革命遗址得到保护和修缮，建起了红色村史馆，打造成了一个集党史宣传、党性教育、爱国主义教育于一体的综合性教育基地。如今，在展馆内，还有革命前辈的后人及村内的党员在讲述前辈的英雄故事，红色基因得到很好的传承，马渠人民无私奉献、英勇斗争的故事将永载史册，激励我们不断前进。

拓展阅读

乐道院·潍县集中营博物馆

乐道院·潍县集中营博物馆在潍坊市奎文区虞河路和鸢飞路之间的虞河南岸，2020年9月3日开馆，是"全国爱国主义教育示范基地""全国重点文物保护单位"。

1882年，美国基督教牧师狄乐播来潍县传教时建立乐道院。1900年，反洋之风刮到潍县，乐道院遭火毁。庚子赔款后，狄乐播重返并于1904年扩建完成新的乐道院，占地二百多亩，成为北美基督教长老会的山东总部。

1941年太平洋战争爆发后，美国政府将侨居旧金山等地的6万多日本人集中管制。日本将乐道院改建为潍县集中营，在中国全境搜捕盟国所有在华牧师、教师、商人等，并将江北的美英侨民陆续掳来关押。

从1942年3月到1945年8月，潍县集中营先后关押英、美、法、新西兰、加拿大、古巴、希腊、澳大利亚、荷兰、比利时等近20个国家的侨民2008人。被关押的有第一位把放射学专业传入中国的美国学者郝士，有美国第二任驻华大使恒安石，有齐鲁大学教务长、教育家戴维斯，有1924年巴黎奥运会400米跑冠军埃里克·利迪尔等国际知名人士。

潍县四周的民众踊跃捐赠善款，时值美金10余万元，由黄乐德的儿子黄安慰与女儿黄瑞云分三批秘密送往中立国瑞士驻青岛代办处艾格外交官手中，再以国际红十字会的名义购买集中营急需的药物和营养品，分批送往集中营，解了集中营难民燃眉之急。

1945年8月，以万伯格中校为首的SOS分队19人乘机来到集中营，代表美国在华驻军正式接管日军设在潍坊的盟国侨民集中营。集中营难民陆续撤离回国。

乐道院·潍县集中营是日本侵华历史和日本军国主义暴行的重要见证，是二战期间国际侨民与中国人民团结反抗日本法西斯的正义斗争及国际主义精神的象征。2021年2月3日，以乐道院·潍县集中营旧址为基点，潍坊市成功申请为国内继南京之后的第二个国际和平城市。

手推车里的逃跑之旅

1949年，英国一家出版公司出版了狄兰的《中国逃亡记》，这是潍县集中营被关押侨民最早出版的一本回忆录。他在越狱后写道："中国的手推车与我们的不太相同，它的车轮要大许多，并且是安放在木架的中间位置，而非像我们的那样安装在木架前，车轮之上还罩上了一个车架子，从而形成了两个像长凳一般的座位，一边一个分设在车架的两边，他们很有礼貌地请我俩一人一边坐上去，我们解释说我俩一点儿也不累，完全可以一起步行前往……在争了好大一番之后，我俩推却不过便只好顺从了他们，连同我们的背包，安然坐上了那软座并正式就位，列队前进，我们在心中默默向上天祈祷祈求各路神仙永远不要将我们现在的这个样子传到集中营难友们的耳朵里去，本该由一排排骑马而来的游击队员护送着，我俩信马由缰，越过田间地头飞驰而去的出逃行动，现如今竟变成了坐在老头手推车里的逃跑之旅。"

  宁愿自己受累，也让客人舒适，这就是中国老百姓的选择。这个肩上勒着襻，"咯吱咯吱"推着木轮车往前拱的老人，又有谁能知道他的名字呢？

  狄兰和恒安石跑出后，与抗日游击队员们同吃同住同战，朝夕相处，队员们把火炕，把蚊帐，把馒头都留给他们，而自己则吃着窝头蜷曲着睡。待了一年多时间，他俩最终被游击队接纳成"高鼻子兄弟"，听说他俩没结婚，游击队司令还准备给张罗娶媳妇呢，《中国逃亡记》的翻译如实翻译了司令的话，有点拗口，但很真实："一想到你们可能会在没留下后人去照料你们的荣耀家族的祖坟的情形之下，便撒手而去，我就震动不已。"

  狄兰在书中写道："对于这些人民的所作所为，恒安石和我都留下了深刻印象，我们之前与他们素不相识，但他们却是如此心甘情愿地对我们献出他们的热情，并将自己置身于这样一种危险境地，如有日本人发现他们在掩护我们，则他们会必死无疑！他们这种以快活与淡然的方式来应对日本人来袭的做法，的确令人感动。"

乐道院·潍县集中营博物馆"闪闪红心"宣讲团系列活动精彩启幕

  2019年11月13日傍晚，山东信息职业技术学院寂静的校园里传来阵阵雷鸣般的掌声，1000余人礼堂座无虚席，原来一场红色文化的盛宴正在这里启幕，一起来了解一下吧！

  近日，中共中央、国务院印发《新时代爱国主义教育实施纲要》，乐道院·潍县集中营博物馆作为"全国爱国教育示范基地"和"国家重点文物保护单位"，以传承和弘扬爱国主义精神为己任，全新推出特色社教品牌——"闪闪红心"宣讲团。

  此次宣讲团走出博物馆走进校园，以移动式、沉浸式、感悟式的互动体验，开展红色宣讲，受到了在校大学生们的热烈欢迎！

宣讲员带领同学们通过多媒体技术声情并茂地讲述了从乐道院的创办到后期变成侨民集中营，直至最后得以解放的沧桑巨变。

宣讲员逐一讲述革命人物，庄龙甲、年光仪、陈少敏等这些革命先烈的爱国精神和张兴泰、黄乐德等潍县劳动人民无私的国际主义精神，同学们不仅更深入地了解了乐道院的历史，而且重温了峥嵘岁月，感悟了红色精神内涵。

红色文化，激励了一代又一代中华儿女，为理想和信仰拼搏奋斗。此次红色文化进校园活动，有助于大学生们树立正确的人生观、价值观、世界观。红色文化将植根于大学生心田，润物无声中形成健康的人格，高尚的情操。

坊茨小镇

坊茨小镇位于山东省潍坊市坊子区，曾经是德国和日本的殖民地。现在有德式建筑103处，日式建筑63处。除德日建筑群外，小镇还拥有以德建矿井、采煤巷道等为代表的炭矿遗址和以万和楼、刘氏老宅等为代表的2060处民国民居建筑。

德国建于1902年的坊子火车站是坊茨小镇的核心区域之一，当时是整个胶济铁路中间段的重要站场之一，承担着车辆维修、加水、车头转向、货物中转等许多功能。随着胶济铁路复线工程开通，坊子火车站被北移的胶济铁路主线彻底抛弃。

坊茨小镇一马路中段坐落着创建于2015年的潍坊红色记忆博物馆。该馆共有六间屋子，每一间屋子内的摆设都不同，以上世纪六七十年代的装饰风格为主，大到桌子、椅子，小到床单、一只鞋，都尽显历史风貌。六个房间摆设了大大小小近千件老物件，大多是上世纪六七十年代与潍坊市民息息相关的生活用品以及文革期间的语录、宣传画、连环画等，还有一部分是馆主从各地淘来的战争年代的老物件。

"坊茨小镇具备作为世界遗产的三个特征，即原真性、整体性和唯一性。"2014年被山东省政府公布为省级历史文化街区，2016年确定为省级特色小镇。

坊茨小镇，一个容纳丰富历史信息的爱国主义教育基地，必将提醒每一个到来的人：捍卫和平，拒绝战争！

潍坊红色记忆博物馆

潍坊红色记忆博物馆创建于2015年，当时31岁的罗洋是这家博物馆的创办者。馆址坐落于国家级文物保护单位——坊茨小镇一马路中段（日本正金银行原址）。

潍坊红色记忆博物馆共有六间屋子，每一间屋子内的摆设都不同，以上世纪六七十年代的装饰风格为主，大到桌子、椅子，小到床单、一只鞋，都尽显历史风貌。六个房间摆设了大大小小近千件老物件，大多是上世纪六七十年代与潍坊市民息息相关的生活用品以及文革期间的语录、宣传画、连环画等，还有一部分是馆主从各地淘来的战争年代的老物件。

博物馆面向大众免费开放，吸引了很多人前来参观，找寻曾经的记忆。有些人特别是上了年纪的人很喜欢怀旧，就想找个这样的地方，这样的物件，可以看一看。有的人一进来，就是大半天，临走还恋恋不舍看不够。而对于孩子们，除了新奇和好玩，通过老师们的介绍，懵懂的他们更多了一份对于历史的了解。

"潍坊红色记忆博物馆"已经被坊子区关工委、坊子区三马路小学命名为"爱国主义教育基地"。两年来，已经有数万人前往免费参观。每逢节假日，前往参观的人群更是络绎不绝，很多学校也专门组织学生前往了解历史，接受红色教育。

第三节　克艰攻难奋争先

一、庄龙甲故居

庄龙甲是山东省第一位中共县委书记，是中共山东省早期党员、中共一大代表王尽美、邓恩铭同志的亲密战友，在他短暂的一生中，组织建立了潍县第一个党支部、潍县第一个农民协会、山东省第一个县级地方党组织、潍县第一支革命武装队伍。1928年10月，庄龙甲不幸被捕，壮烈牺牲。

庄龙甲，1903年出生于潍县庄家村（今奎文区梨园街道庄家社区）一个贫苦农民家庭。2015年，其故居入选山东省第二批党史教育基地。奎文区挖掘红色文化，于2019年对庄龙甲故居党性教育基地实施了新一轮的改造，将其打造为奎文区党性教育的主阵地以及青少年党史国史教育基地。

庄龙甲故居是一个典型的北方四合院，青砖白墙、漆黑的大门，大门上是"庄龙甲故居"的牌匾，大门旁边是"全市重点文物保护单位"的花岗岩碑刻。整个故居给人以庄严、肃穆的感受。

2019年完成改造升级的庄龙甲故居，院落整体占地面积481平方米，建筑面积268平方米，设有党性教育主题展馆，采用故居+陈列馆的模式，将故居分成景观墙和庄龙甲雕像、庄龙甲故居、庄龙甲革命事迹陈列馆、庄立安一门三烈革命事迹陈列馆、字画展厅共五个展示区。

走进青瓦白墙的院内，首先映入眼帘的是庄龙甲雕像和"掀开党在潍县革命第一页"主题景观墙，"不忘初心、牢记使命"的字样十分醒目。院内苍松翠柏、郁郁葱葱。大门的左侧是烈士故居陈列室，走进陈列室，里面几乎还原了烈士生前旧居的原貌。正堂是老式的八仙桌，八仙桌的上方是庄龙甲烈士的遗像，室内墙上是烈士的一些照片和一些关于烈士生平的介绍性文字，特别是在堂屋的东墙上有这样一首诗：

老子英雄儿好汉，
庄稼不收年年盼。
死而复生精神存，

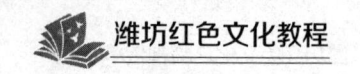

在与不在何必言。

南北东西人知晓，

流芳百世万古传。

这是一首藏头诗。由于长时间从事艰苦的革命工作，庄龙甲身患肺病，身体每况愈下。1928年秋，国民党反动派疯狂抓捕共产党人，上级决定让庄龙甲到安丘县南流镇傅锡泽药房隐蔽治病。1928年10月10日上午，因叛徒告密，当庄龙甲外出了解农会情况刚回到药房时，便遭到逮捕。

敌人用细麻绳拴住庄龙甲的两个拇指，将他吊在梁上，施以惨无人道的刑罚，但铮铮铁骨的庄龙甲，毫不畏惧，坚贞不屈。敌人深知庄龙甲在群众中威信极高，他们害怕群众会以各种方式将其营救，便决定在10月12日南流大集这天将庄龙甲枪杀，借以恫吓群众、镇压革命。在凶残的敌人面前，他毫无惧色，响亮地宣告：共产党人不怕死，怕死就不是共产党人。最后，他高喊"共产党万岁"的口号，英勇就义，年仅25岁。

庄龙甲的悲壮牺牲让乡亲们潸然泪下。穷凶极恶的敌人用枪打死庄龙甲后，又残暴地铡下了庄龙甲的头颅，并将其挂在潍县城南门的城楼上示众。县委委员牟洪礼同志极力控制着悲愤的心情，写了上面这首藏头诗转告战友及亲属。

庄龙甲同志的眼睛永远闭上了，他满心的光明却冲破黑暗，照亮了后代人前行的路。

二、牛头镇抗日武装起义指挥部旧址（马保三故居）

牛头镇村在寿光市西北17公里处。红色旅游经典景区、爱国主义教育基地——牛头镇抗日武装起义指挥部旧址（马保三故居）位于村的西北部，是牛头镇起义时的领导机关。院南北长19.5米，东西宽19米。院内有北屋7间，砖墙瓦脊，木方格窄棂窗，东端三间为马保三住处，中共寿光县委筹划起义的扩大会议就是在这里召开的。院里现有石磨一座。原先院中还挖有地道，墙中设有夹壁，现已损坏。马保三故居始建于二十世纪三十年代，是一处极具北方特点的农家院落，由马保三先生亲自设计督建。

西厢房原为马保三家存放杂物的地方。1937年12月29日，牛头镇抗日武装起义后，八支队文艺宣传队就在此成立，李梦先担任队长，隶属八支队指挥部。文艺宣传队成立后，为配合八支队的工作，经常在街头演出《放下你的鞭子》《流亡三部曲》等节目，宣传党的政策，宣传抗日救亡。宣传队还油印了一份《战斗简报》小报，刊登抗日消息和学习材料，发给部队和群众。北屋西边房间是马保三家人日常起居的地方，抗日武装起义后马保三全家老小都当起了后勤兵，战士们也将马保三的家亲切的誉为八支队的后勤部。

北屋中间北墙上的字画是马保三先生亲手所绘，对联的上联是：业丰时和人宜乐，下联是：花繁柳密鸟声多。画面"荻渚秋风"描绘的是家乡洰淀湖的美好风光。

西厢房——宣传队

北屋东边是马保三生前日常起居和会客的地方，1937年的县委扩大会就在这里召开，会议传达了省委关于分地区发动武装起义的指示。如果马保三不选择离开部队，可能会和他们一样成为战功赫赫的开国将军，但是马保三选择了服从组织的安排。

东厢房——军械库

东厢房原为马保三子嗣结婚的地方，俗称喜屋，牛头镇抗日起义之前用于存放武装起义所用枪械、弹药。现陈列的是后期收集整理的枪械和生产工具。

牛头镇抗日武装起义纪念碑，位于村北部，于1993年12月在巨淀湖畔落成。碑高27.5米，碑座高6米，巍然矗立，"牛头镇抗日起义纪念碑"十二个大字金光闪闪，面向东方，表达了寿光人民抗战胜利的心声。

纪念碑的右方是"八支队抗日武装起义纪念馆"，坐北向南，规模宏伟。入门甬路向北直通纪念馆，纪念馆是主体建筑，在绿柳翠柏的掩映下，显得巍峨壮观。纪念馆两边各建有殿堂式接待室2间，飞檐翘角，古朴典雅。整个馆园绿树葱茏，空气清新，肃穆静雅。5间大厅里展示着抗日武装起义时的实物和图片，共150多件。其内容分为四部分：星火燎原、巨湖风雷、高举义旗、疆场扬威。共有图片63幅，资料67件，展示出我党组织为组建抗日武装八支队，从筹划到起义，从建立到壮大，直到东征、西进和南下的整个战斗里程及八支队在抗日战争、解放战争和抗美援朝战争中，浴血奋战，前赴后继，成为南征北战不可战胜的一支武装力量。

早在1924年，寿光就有共产党党员张玉山、王云生等同志在进行革命活动。1926年，这里成立了党组织。在第一次国共合作期间，寿光党组织有较快的发展。国共分裂后，寿光党组织虽然受到了损失和牺牲，但仍在活动，继续领导群众进行抗粮、抗税斗争，打死了国民党的催税人员；领导"红枪会"抗击过张来有、黄凤岐的土匪队伍，1928年还积极配合了博兴的农民暴动。直到1933年，由于原中共山东省委组织部长宋鸣时的叛变，寿光党组织才被迫一度停止了活动。1934年，党的活动逐渐恢复。1936年秋，正式成立县委，发展了一批新党员，恢复了一批老党员的关系。到1937年底，寿光约有党员100人。这些党员就是组织牛头镇武装起义的核心，也是保证起义胜利和顺利发展的骨干。起义地区的人民群众，有着很高的民族觉悟。他们的觉悟来自三个方面的教育。一是来自日本帝国主义的反面教育。日寇在侵占东北三省之后，向华北步步进逼，终于挑起卢沟桥事件，揭开了全面侵华战争的序幕。日军所到之处，烧、杀、劫、掠，无恶不作，一切不愿当亡国奴的人民决心抵抗侵略，争取抗战胜利。二是来自蒋介石国民党的反面教育。蒋介石"攘外必先安内"的对内坚决剿共、对外妥协投降的国策，不准东北军抵抗日本的侵略，白白断送了我大好河山，国民党山东省主席韩复榘握有 10 万大军，却在敌人面前闻风而逃。日军几乎不费一枪一弹就占领了德州等战略要地，陈兵黄河，随后又占领了济南。国民党寿光县政府的武装，平时只知欺压民众，日军一占领德州、禹城，他们即惶惶如丧家之犬，准备逃跑。在这些令人痛心的现实面前，人民对蒋介石和国民党政府感到无限失望。三是来自共产党抗日宣传和抗战行动的教育。我们党抓住日本帝国主义野蛮侵略中国的种种罪行，及时向人们指出，日寇要灭亡我国家，奴役我民族，大敌当前是抗日救国还是当亡国奴，人人都要作出抉择。正当国民党部队节节败退、韩复榘不战而逃、国民党寿光县政府准备弃城逃跑的时候，共产党领导的八路军却在平型关取得了抗战以来的第一个大胜利。消息传来，民心大振。人民理所当然地把自己的命运和抗战胜利的希望寄托在共产党领导的八路军身上，因而多数群众选择了跟共产党、八路军争取抗战胜利的道路。

1937 年 10 月底，张文通同志参加中共鲁东工委会议后，回寿光传达了山东省委决定分区发动抗日武装起义以及在鲁东地区成立山东人民抗日救国军第五军的指示。接着寿光县委召开扩大会议进行宣传，确定寿光全体党员唯一的任务是：发动群众，收集武器，组织抗日武装起义，在敌后开展游击战争。在这之前，寿光的党员和进步青年学生、青年农民，已分别在县城和农村做了大量的抗日宣传工作和组织工作。如：在不同场合演讲、演戏、募捐、写标语、办报纸、办夜校，以及组织抗敌后援会、抗日救国会、民族解放先锋队、抗日自卫团等。从这次扩大会议以后，寿光党的工作转到以组织武装抗日为重心，把一切活动集中到组织队伍、收集武器、适应战争需要上面来，要求其他工作都围绕着武装抗日来进行。

为了组建军队，发动武装起义，县委扩大会议后，立即成立了八路军鲁东游击队第八支队军政委员会，成员有张文通、马保三、王云生、李文、王培汉、王文轩等 6 人，由张文通任主席，王文轩兼任秘书。1937 年 12 月 25 日，沿胶济铁路东进的日本侵略军占领了周村，按行程三日可达青州、寿光，国民党县政府乱作一团，其部队军心涣散。我军政委员会认为时机已到，决定迅速赶制军旗、袖章，公开站队，准备大发展。

1937 年 12 月 29 日，八路军鲁东游击队第八支队的第一面军旗，在牛头镇支队司令部的门口竖起来了。中国共产党领导寿光人民拿起武器，在这里举起武装抗日起义的大旗，宣誓坚决抗日到底，一定要把日本侵略军赶出中国去。这一天，镇内及周围的群众和刚集中的 300 多名游击队员，个个笑逐颜开，欣喜若狂。起义给人们带来了新的希望，人们将谱写出新的历史篇章。

三、潍县战役党性教育基地

潍县战役党性教育基地由潍坊市潍城区委组织部牵头打造，包括主展馆、潍县战役胜利纪念碑、荷花湾战斗遗址、潍县老城墙旧址、玉清宫战斗遗址和中共潍坊特别市委旧址几部分。

1. 主展馆

2017年建成，落户当年潍县战役的主战场——十笏园文化街区内，布展面积780平方米，主要体现"把胜利红旗插上潍县城头"主题及"为谁当兵，为谁打仗"的宗旨观念、"战必胜，攻必克"的攻坚意志、"光荣地进去，干干净净地出来"的纪律意识。通过敌我攻防态势沙盘、展板、实物、视频等全面系统地还原战前、战中、战后历史情景，综合利用声光电等现代展示手段，增强震撼力、感染力。让党员干部观看教育视频片等多种形式身临其境地感受革命先烈的丰功伟绩，教育党员干部传承红色基因、牢记党员身份、不忘初心、继续前进。

2. 中共潍坊特别市委旧址（小黄楼）

位于今潍城区向阳路，是一座不起眼的二层小楼。小黄楼建于1935年前后，是潍城首富丁叔言的宅第；日军占领潍县后，小黄楼成为日伪作恶的场所，是日本宪兵队潍县分队的驻所；抗战胜利后，成为国民党军队的城防指挥部，国民党第20集团军驻扎潍县时，司令部设在丁家大院，总司令夏楚中曾在小黄楼居住过一段时间。1946年1月，国民党96军军长兼45师师长陈金城率部来到潍县，小黄楼所在大院又成为陈金城部的城防指挥部，充当解放战争时期潍县反动军队负隅顽抗的指挥机关。

潍坊特别市的接管干部在西城解放后入驻小黄楼，当时，潍坊特别市委书记曾山、华东野战军山

东兵团司令员许世友,均曾在小黄楼二层办公和居住。曾山和许世友同志离潍后,小黄楼所在的丁家大院仍旧作为潍坊特别市委的办公地点。1950年中共昌潍专区地方工作委员会机关从益都迁到潍坊,仍然在这里办公,小黄楼先后成为地委办公室、宣传部、农委的办公地点。

3. 潍县战役胜利纪念碑

位于白浪河西岸、东风街与和平路交叉口以北200米路东处,竖立于一泰山原石。旁边一石上,由曾经参加过潍县战役的原中央军委副主席、国务委员兼国防部部长迟浩田将军亲题"潍县战役胜利纪念"八字。背后是潍坊市政协原副主席王庆德撰写的潍县战役记文。泰山原石高11.5米,宽4.5米,厚1.7米,重138吨,象征着革命先烈重如泰山的精神和坚贞不屈的高尚情操。这是在2008年潍县战役胜利60周年之际,经潍坊市委同意,由市政协发起倡议,结合白浪河改造工程,建设潍县战役胜利广场并置纪念石,并于2009年4月落成。

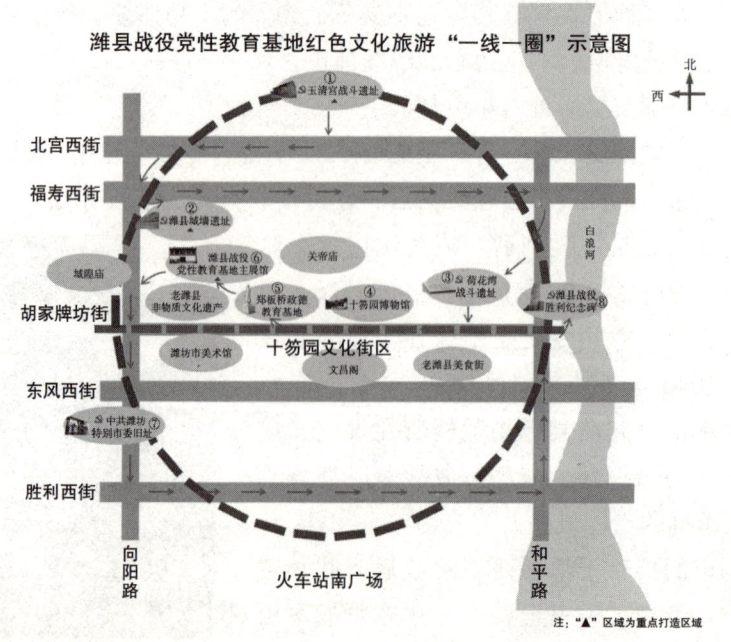

潍县战役党性教育基地红色文化旅游"一线一圈"示意图

4. 荷花湾战斗遗址

位于城关街道曹家巷社区内。潍县战役时的荷花湾小学位于潍县城东北角，北靠城墙，南靠居民区，东侧为方圆一里多的荷花湾，西侧有一小水塘，学校位置较孤立，易守难攻。1948年4月23日18时，潍县战役总攻开始。九纵二十七师七十九团于24日凌晨率先突上城头后，派五连和特务连一个排用绳索下城，在五连三排排长杨学良的指挥下，首先占领了这所小学校。后续部队下城后，由杨学良指挥，向学校西南面发展，乘夜色攻占荷花湾西南的二十多栋民房。天亮后，遭敌重兵反扑，国民党军以绝对优势的兵力，不断向五连压缩。双方逐屋逐院地反复争夺，彼此伤亡都很大，战斗异常惨烈。24日中午时分，剩下20余人的五连退至荷花湾小学内顽强坚守。五连和特务连一个排孤军奋战，一直坚守到下午4时左右迎来援兵，牵制了敌人大量兵力。战斗结束时，五连和特务连一个排的160多人只剩下16人，其中只有2人未负伤。为纪念荷花湾战斗，潍坊市政府在城市改建中特意于1989年8月在荷花湾原址上建设了文化广场，名曰"忆荷园"，打造了一个寓教于生活、寓教于环境，特色鲜明的开放式红色教育基地。

5. 玉清宫战斗遗址

拍摄于1907年的玉清宫

位于原潍坊市聋哑学校校内。玉清宫原是一大型道观，因地处城北之故，俗称北宫。当时的北宫，古树参天，有十几座殿宇，院外有很多坟。这里地势稍高，四周视野开阔，非常利于防守。当年国民党军利用庙宇作核心工事，在周围修建了大量子母堡群，火力能控制整个西城城北地区，由国民党整编四十五师的一个主力营据守。因此，北宫据点的知名度很高，被国民党军视为攻不破的堡垒。1948年4月8日晚，山东兵团九纵二十六师七十七团采取土工作业方式接近北宫敌人。10日晚，正式向敌人发动攻击。由于北宫之敌防守严密，进攻遇到挫折，造成了数百人的人员伤亡，营以上干部牺牲多人。初攻受挫后，二十六师调整战术，向北宫侧后方实施坑道作业，对其进行合围、压缩。七十七团一边挖战壕一边打，战壕不断逼近，使国民党军多年精心打造的防御工事丧失了作用。4月12日傍晚，失魂落魄的北宫残敌被迫逃窜，战斗结束。潍县解放后，观内仅存的几个道人或还俗，或他往。1959年，北宫原址建为潍坊市聋哑学校。观内大部分建筑陆续拆除，现仅存殿宇两座，据有关人士介绍，分别是当年玉清宫和玉皇殿的主建筑。

玉清宫简介碑文

6. 潍县城墙遗址

位于潍城区城关街道北马道北侧。潍县以"双城"著称，西城、东城相距仅100多米，中间有白浪河穿过。西城又称城里，是传统意义的"潍县城"，城墙方圆8里。据志书记载，西城始建于汉代，原为土城。明代崇祯十二年改建为石城，外侧墙皮全用青石砌成，城高13.3米，厚8.3米。潍县城因其高大坚固，有"鲁中堡垒"之称。据说潍县战役之前，历史上从没有一支队伍凭武力打开过潍县城。东城城墙由三合土夯成，高度仅有7米左右，厚度也不及西城。潍县战役先打的西城，西城的北城墙是当时的主攻方向。1948年4月23日傍晚发起总攻，九纵二十七师于当晚从荷花湾正北方向突上城头，向城内投入一个连。但是，由于敌人疯狂反扑，敌我双方在突破口处形成相持状态。24日中午，九纵二十五师在北门处打开了第二个突破口，并迅速投入纵深作战，终于扭转战局，夺取了西城。该遗址就是当年二十五师七十三团夺取的第二个突破口东侧的城墙。

人民解放军山东兵团从1948年初开始，进行了两个月的新式整军运动，为执行新的任务作了准备。1948年4月初，山东兵团发起了"潍县战役"。

潍县是山东境内较大的工商业城市之一，是济南、青岛之间重要的交通枢纽，也是胶济路上国民党军队防守的一个强固要点。潍县城及其外围据点的守军，有国民党整编第九十六军军长兼整编四十五师师长陈金城部的四个正规团，加上两个保安旅（6个团）和其他土顽，共4.7万余人。装备比较精良的国民党正规部队，与政治上极为反动的保安团、土顽结合在一起，形成了一股不容低估的抵抗力量。潍县周围许多县解放以后，地主恶霸及其反动势力均猥集该地，像恶贯满盈的地头蛇张天佐、张景月之流，就是这些反动势力的代表。

潍县城墙遗址

白浪河纵贯南北，将潍县城分为东西两城。城防工事迭经日、伪、蒋十几年苦心经营，构成了以西城为核心的强固的防御体系。设有三道半永久性的防线：第一道防线设在城市外围，筑有大小九十多座子母堡式的独立据点，据点周围设有地雷、陷井、鹿砦、铁丝网等多种复杂的障碍物；第二道防线为四面城关，筑有高3米、厚4米的土城寨，城寨外边又埋设了1000多个地雷；第三道防线在两城城垣，城墙外壁高11~13米，内壁高13~16米，城基厚9米，城头厚4~6米，外壁用青石砌成，内壁及城顶为三合土砸成，都坚固异常，上面布有电网以及各种火力点，整个防御体系有点有面，点面结合，以点制面，各点既可独立坚守，又可互相策应。因此，陈金城吹嘘为"南宫难攻，北宫白攻，擂鼓助威，金城难破"。

自胶济线西段解放后，潍县即陷入解放区的四面包围中，西距济南东距青岛均甚远，有利于人民解放军集中兵力摆开阵势，稳步攻取，拔掉这个据点后，可肃清山东地方封建武装的大部，尤其是肃清张天佐、张景月等部及土顽，这对昌潍人民来说是一件大事，因此，山东兵团决心集中第九纵队、七纵队、十三纵队、渤海纵队、鲁中军区部队等共五十四个团的兵力围攻潍县。

兵团首长许世友、谭震林根据党中央的指示，在战役发起前，进行了细致的调查研究，作出了稳妥而大胆的部署，首先分割潍县与其外围各据点的联系，扫清四关守敌，夺取攻城阵地；尔后集中主力先攻西城，打敌要害，夺取西城后，再居高临下攻取东城；最后肃清外围残敌。以九纵队、渤海纵队、鲁中等部队作为攻城主力部队，以渤海三分区地方武装包围昌乐、田马，以西海地方武装包围寒亭配合攻潍，七纵队及渤海新十三师担任西面阻击，十三纵队三十九师及胶东新五师、滨北、南海地方部队担任东面阻击，十三纵队主力担任总预备队。

攻城部队于4月2日向潍县开进，8日完成对外围敌人的分割和对潍县城的包围，并立即展开了争夺城关的激烈战斗。战至18日，先后攻占外围据点坊子等50余处，肃清了四关敌人，随后停止攻击，转入敌前练兵，隐蔽地实施近迫作业。攻城战斗前部队发起创造"潍县英雄连"活动，爆破突击队员提出了"宁死在墙头墙里，不死在墙外""人在阵地在"的响亮动人口号。兵团指挥部运用潍北县委给山东兵团第九纵队的控诉国民党罪行的一封信为教材，激发了部队的歼敌决心。在从组织上、物质上、思想上以及战略战术上完成攻城准备后，即于23日夜突然猛攻西城，集中优势炮火准确有效地摧毁了预定目标，掩护了攻城部队迅速地爆破和接近城墙。攻城炮火刚一停息，各攻击部队立即迅速将前沿集团地堡中的敌人全部肃清，高度发挥了步炮与爆破协同的威力。

24日零时21分，九纵队二十七师七十九团（即彭陶团）开始强爆城墙，八连九班副班长栾子明在班长刘庸亭的协助下，扛起第一包炸药，冒着城墙上敌机枪、步枪的疯狂射击，像离弦的箭冲至城下，他熟练地架好"高杆滑子炸药"，拉响了导火索，一声巨响，城墙顶部炸掉了一大块，刘庸亭多处受伤，耳朵被震聋，但为了引导后面的爆破，仍毅然留在原处，并成功指挥第二、第三包炸药的爆破。爆破组长王官钧抱起第四包炸药，跃到城角下，竖起高杆，刚把炸药包拉到杆顶，导火索被打断，在这危急关头，王官钧迅速爬上杆，抓住导火索，猛力一拉，当他刚滑下来跑了几步时，炸药响了，他自己也被砸伤。八班长宋文章紧接着抱起第五包炸药，在前进中左肋和右腿负重伤昏了过去，苏醒后拼尽全力抱起炸药扑向爆破点。八连就这样，连续送上6包各40多斤重的炸药，城墙上部被炸开了一个大口子。担任突击任务的一、二排，高举着"把胜利红旗插上潍县城头"的红旗，在连长曲悦平的率领下，朝突破口猛冲过去。一直坚守在突破口下的刘庸亭不顾伤疼，带着九班战士很快架好梯子，全连迅速登上了城头，占领了突破口，把红旗插在城头上。位于西侧的四连，在二营教导员张中言带领下，也爆破成功，登上了城头，两面鲜艳的红旗高高地飘扬在城头的两个突破口上。八连和四连登上城头后，迅速向东西两侧发展，连续夺下3个突出部，打垮守敌数次猛烈反扑。五连继四连之后也登上了城头，奉命入城作战，但城墙高，梯子短，战士们便接上了绳子，可又被隐蔽在墙下洞里的敌人拖倒，于是勇士们解下了裹腿坠下去，有的就从四丈高的城墙上纵身跳到地上，摔昏了的醒过来继续前进，腿摔断的就爬着战斗，占领了立足点，大胆插入纵深100多米，连占十余栋房子，抗击了敌人整连、整营、整团的20余次反扑，顽强坚守20个小时。

最后，他们虽然在只有两座房子可坚守、三面被敌包围，与城头部队又失去联系的恶劣情况下，仍英勇奋战，直到后续部队的到来。24日6时40分，敌人出动飞机狂轰滥炸，纠集重兵向围城解放军两个突破口作垂死的反扑。在这关键时刻，团长彭辉、政委陶庸分赴第2号、第3号突破口，指挥全团在城上城下与敌厮杀。团参谋长丁亚亲自登上城墙指挥部队，连续打退敌人多次反扑。他的工事被敌人炮弹炸坍了，他从泥土里爬出来继续指挥战斗,最后战士们的子弹、手榴弹都用光了,但看到参谋长仍在他们身边,士气更加高昂。于是,战士们用石头、砖头、铁锹、镐头等一齐向敌人猛砸过去,又把敌人击退。

潍县战役胜利结束后,中共中央发来贺电,华东局、华东军区召开了庆功祝捷大会,表彰参战部队中涌现出来的英雄集体和个人,授予九纵队二十七师七十九团为"潍县团",所属八连为"潍县战斗英雄连",四、五、七连为"潍县战斗模范连"光荣称号,一、六连和特务连荣立集体一等功,李耘田、王志谦、李聚法、李延福被命名为"潍县四勇士"。据统计,共有9798人立功,地方兵团有20个单位1027人立功受奖。

第四节 团结创新勇实践

一、李福泽事迹陈列馆

李福泽事迹陈列馆于2018年7月1日开馆。陈列馆建于李福泽将军的老家——昌邑市下营镇火道村,占地800平方米,共分有四个展厅,第一展厅主题是将军一生回顾,第二展厅主题是童年时光回忆,第三展厅主题是播撒革命火种,第四展厅主题是传承良好家风。展馆建设过程中,李福泽子女无偿捐献了很多将军生前用过的实物、信件、照片等珍贵资料,西昌卫星发射中心也给予了大力支持。整个展馆以大量详实的历史资料、珍贵文物,通过图文介绍、实物展示和视频播放等多种形式,全方位、多角度真实再现了李福泽将军辉煌灿烂的传奇一生。

位于昌邑火道子村的李福泽事迹陈列馆

李福泽(1914~1996),1914年1月出生在昌邑县火道村一个工商业资本家兼地主的家庭，家有房产二三百间，父亲投资参股了青岛啤酒厂、张裕葡萄酒厂和银行等许多产业。李福泽1932年报考北平汇文中学，经历了一二·九运动和一二·一六等爱国学生运动，加入中华民族解放先锋队。1935年，他考入上海复旦大学经济系。翌年4月因闹学潮转入上海大夏大学经济系，在白色恐怖下坚持为党作了许多工作。

1937年七七事变后，民族危机日益加深，李福泽不满国民党的政策，9月，他毅然离开上海。在陕西云阳，他经胡乔木介绍奔赴延安，入陕北公学学习。10月，李福泽根据组织决定，在学习结业后回到昌邑，发动和组织抗日武装斗争。12月，他由昌邑县委书记张智忠介绍加入中国共产党。李福泽在瓦城孙膑庙和各村创办民众夜校，宣传抗日救国主张，同时大力发展抗战民先组织，还以民先队员为骨干搜集枪支弹药，带领建立瓦城第一个党支部，使瓦城成为昌北抗日武装基地。

1938年1月，日军占领潍县，进逼昌邑，国民党昌邑县长刘毓章弃城而逃。2月14日，昌邑抗日武装齐聚瓦城，发动了瓦城起义。李福泽是起义的主要领导之一，任中共昌邑县委军事部长，兼管三个区的工作。次日，鲁东工委书记鹿省三领导的潍北起义部队到瓦城与昌北起义部队会师，合编组成八路军鲁东游击队第七支队。他们与寿光马保三领导的八支队会师，转战鲁东地区，鲁东工委决定成立八路军鲁东游击指挥部，李福泽被任命为参谋长。按照山东省委指示，部队向胶东地区活动，参与了解放黄县的战斗。

1938年5月，以平度张金铭为首的四路顽军进攻掖县，李福泽率两个大队协助三支队打退顽军进攻，巩固掖县抗日阵地。7月，部队从胶东返回，在掖北整编改为三个区队，李福泽任第一区队队长。12月，李福泽随支队向鲁南发展，进入沂蒙山区，同第四支队并肩战斗。1939年3月，八支队改为山东纵队第一支队，原区队改编为团，李福泽任一团团长。5月，部队精简整编，团改为营，他任一营营长。

1939年秋，李福泽带两个连在临朐五井村驻防。一天拂晓，他们突然遭到日军一个中队和千余名伪军袭击。李福泽指挥部队利用玉米地及桑园掩护，占领有利地形，下午2时向敌军发起反击，激战至黄昏，援军赶到，将敌彻底打垮。这次战斗共击毙日军62人，俘虏伪军100余人，缴获轻重机枪3挺、步枪30多支及大量弹药物资。这次战斗受到延安八路军总部的表扬。《大众日报》在1939年12月3日发表题为《庆祝临朐大胜利》的社论，称五井之战是"山东抗日两年来的最模范的胜利战斗"。

1940年9月，山东纵队部队进行整训和征编，鲁中区的部队编为第一旅，李福泽仍任第一团团长。在反击日寇对沂蒙山区进行的万人大扫荡中，一团发展了由王凤麟所创的爆破战术，成功实行外部大爆破。战后延安来电要爆破资料，由李福泽总结上报，在全军推广，为攻坚战术作了贡献。同年，他率团活动于临沂北部，拔除伪军据点十几处，开辟了以半程为中心的新区，成立了鲁中区边联县政府。1941年9月，李福泽任一旅参谋长，率一团参加了两次讨吴（化文）战役和解放平邑、开辟费

（县）北地区的战斗。1942年8月，山东纵队改为山东军区，一旅番号撤销，李福泽到鲁中军区一团任团长。1943年秋，李福泽率领一团在安丘县，夜袭王家沟国民党警卫团驻地，全歼守敌，击毙国民党山东省党部书记长秦启荣，使莒（县）沂（水）安（丘）广大地区为我所有。1944年10月，一团与四团联合攻克沂水城，全歼守敌。同年，李福泽入山东分局党校学习，参加了整风运动。

1945年8月，日本政府宣布无条件投降。山东军区组织野战兵团迫使日伪军缴械投降，李福泽被任命为第三师参谋长。他和政委带两个团参加了山东军民大反攻，相继解放了博山、淄川、周村等城镇。10月，鲁中部队组建警备第三旅，李福泽任旅长。不久警三旅进军东北，从龙口登船至辽东半岛。

1946年2月，李福泽任东北民主联军第四纵队11旅旅长，参加了保卫本溪、鞍山和辽阳的战斗。5月，调任四纵队参谋长。11月，四纵发起了新开岭战役，全歼国民党第二十五师共8000余人，俘虏师长李正谊，成为东北首先歼敌的范例。12月，他又参加了四保临江战役。

1947年5月，李福泽任安东（今丹东）军区副司令员。他带一个团深入敌后，统一指挥三个分区的地方武装开展斗争，先后解放了安东，攻克了宽甸、怀仁和凤凰城，打垮了国民党在这个地区的杂牌部队，恢复了解放区。同年10月，他又回四纵队任参谋长。

1948年9月，辽沈战役发起，四纵奉命在塔山一线担任阻击国民党军援锦战斗。他协助纵队首长指挥部队浴血奋战，连续打退国民党七个师，在飞机、大炮掩护下的轮番进攻，坚守六昼夜，为东北野战军主力攻克锦州、全歼守敌创造了有利条件。战后，四纵受到"东总"的嘉奖。辽沈战役胜利结束后，东北野战军迅速入关，参加平津战役，东北四纵（后改为四十一军）作为东北野战军的先遣部队，首批入关，1949年1月，参加了北平解放战斗，四十一军入城担任卫戍任务。4月，四十一军奉命南下，参加了衡（阳）宝（庆）战役，后向广西进军，解放桂林。解放后还参加了抗美援朝。

从1950年10月起，李福泽先后任四十一军副军长、第四高级步校副校长，1952年任中南军区司令部军训处处长、作战处处长，1955年任广州军区副参谋长兼作战处处长等。

1955年，李福泽被授予少将军衔，1957年6月，荣获二级独立自由勋章、一级解放勋章。

1958年10月，李福泽任某训练基地副司令员，1962年11月任代理司令员，1970年4月任国防科委副主任兼某训练基地司令员。在基地初创时期，他参加组织了基地的全面建设。1960年，在极端困难的条件下，他和基地党委一班人，带领广大官兵自力更生，开荒种田，为部队的生存和发展创造了条件。他参与组织领导了24、25、26、27、28基地的组建和场区建设。面对我国导弹、卫星试验的崭新事业，

145

他十分重视、关心和爱护科技干部,狠抓部队技术训练。在祖国西北戈壁艰苦奋斗的16个春秋,他先后直接参与组织领导了地对地、地对空、空对空导弹、导弹核武器、第一颗"东方红一号"人造卫星的发射等重大试验任务。

李福泽是基地导弹武器和卫星发射试验的开拓者和奠基人之一,为发展我国国防尖端技术事业做出了突出贡献。在"文革"期间,李福泽遭受诬陷和残酷迫害,被长期非法审查、关押,身心受到严重摧残。1979年1月18日,国防科委党委为李福泽做了结论,1980年5月中央军委决定予以平反,恢复名誉。10月,李福泽调任广州军区顾问。1988年7月,他被授予中国人民解放军一级红星功勋荣誉章。

1996年12月24日,在北京逝世,享年82岁。

拓展阅读

弘扬历史文化　　传播红色火种

记者　张蓓　杨国胜

以海上丝绸之路为主题的中国柳疃丝绸博物馆,以知青岁月为主题的知青记忆馆,以当代革命烈士、历史故事为主题的名人展馆,以村史、县志为主题的历史展馆……在潍坊市,一个个历史文化展馆通过复原旧址、集中展示老物件,给观众一种代入式体验,再现往昔生活原貌。

记者从潍坊市文广新局了解到,潍坊市坚持典型示范引领,突出特色地域资源,侧重红色文化展示,全面推进县及县以下历史文化展示工程建设。截至2018年2月,潍坊市已建成432个历史文化展馆,其中,县级49个,镇街级89个,村(社区)级294个。全市历史文化展馆内容丰富,特色鲜明,利用率高,互动性强,去年共举办主题展示1000余次,参观人次超过50万。

新的形势下,培育和弘扬社会主义核心价值观,必须深入发掘红色资源、红色传统的时代价值,进一步传承红色基因。潍坊已建成的32个文化展示工程中,以红色文化为主题的73处,以红色文化为枝叶的占到了100%。

红色火种生生不息,让潍坊这片土地始终散发着满满的正能量。坊子区潍南县委旧址、小李战役指挥部,利用实物展陈的方式,再现炮火纷飞战争年代的办公环境,展示出中国共产党人艰苦奋斗的革命精神。将革命历史、革命传统和革命精神通过实物展示给广大市民,寓思想道德教育于参观游览之中,增强爱国主义教育效果。

"兵马未动,粮草先行",这句话道出了粮草对战争胜利、对军队的重要性。在青州市弥河镇赤涧村就曾经有这么一个支前粮站。为更好地传承历史文化,该村建起了占地1980平方米的赤涧村支前粮站纪念博物馆,展出了当年运输粮食的木轮大马车、木轮小推车以及生产生活用品150余件,再现人民群众踊跃支前的热烈景象。

昌邑市龙池镇3000平米的红色文化展示中心,每天都吸引着不少参观者。一幅幅图片,加上详细的文字记叙,再配上真实的实物展示,将龙池历史文化、时代变革、人民生活的变化直观地展示在众人眼前。

除了红色文化，如果稍加留心，市民会发现身边的文化展示还处处充满着高科技。采用超宽金属球形屏幕、数字音响和计算机同步技术的新一代立体影视技术，利用 LED 显示屏对历史故事进行随机播放，观众看到清晰的立体影像，再配上多路数字立体声，会有强烈的临场感。

二、临朐淌水崖水库纪念馆

淌水崖水库纪念馆位于临朐县九山镇，于 2015 年 10 月建成开馆，是临朐县党员干部党性教育基地、潍坊市爱国主义教育基地。

"天旱把雨盼，雨大冲一片，卷走黄沙土，留下石头蛋。"历史上的九山一带旱涝相乘、十年九灾，百姓饱受其苦。为解决这个难题，1973 年 3 月，九山公社党委组织当地村民，开始了淌水崖水库的修建。在一无机械设备、二无专业人才的艰难情况下，九山镇人民自力更生，"没有石料自己砸、没有炸药自己炒、没有石灰自己烧"，先后创造了天桥、燕窝桥、无支架吊装等"土法"，3 万余人次轮番上阵，干了 6 年，共完成工程量 8.6 万立方米，工日 65.4 万个，投资 100 万元。在历时六年零八个月之后，终于胜利完工。

淌水崖水库总库容 600 万立方米，上游流域面积 22.5 平方公里，控制灌溉面积 1.8 万亩。水库枢纽工程由连拱坝、重力坝、溢洪道、公路桥、南北放水闸和水电站 6 部分组成。工程由水利局技术员刘嘉玉、王焕平设计。水库大坝为斜卧式浆砌石十连拱大坝，被国内外水利专家称为"世界石砌连拱第一坝"。1978 年 4 月竣工的这座凝聚了九山人民智慧和血汗的水库也让两万多亩旱田变为水浇田，洪水灾害一去不复返。

在当年艰苦条件下修建这样一座水库，所凝聚起来的以"同心同德、艰苦奋斗、自强不息、开拓创新"为主要内容的淌水崖水库精神，至今依然绽放着璀璨的光芒，照耀我们在乡村振兴、共同富裕的道路上阔步向前，永不停息。

三、中国蔬菜博物馆

中国蔬菜博物馆于 2010 年 4 月 19 日在山东寿光落成，是国内首个蔬菜品种和种植技术博物馆。

中国寿光蔬菜博物馆是国内首家以蔬菜为主题的专业性博物馆，收藏着全国 7000 多年蔬菜生命的过往和文化宝藏。博物馆于 2008 年 10 月由寿光市人民政府立项审批，2010 年 4 月 20 日正式对外开放，2010 年 6 月获山东省旅游产业创新奖三等奖。2015 年，该馆陈列面积 3000 平方米，文物藏品 3000 余件，有 100 余种壁画、雕塑、彩绘等艺术杰作。设有历史沧桑、蔬菜大观、菜乡流韵、展会经典、饮食文化

5个富有地方特色的系列基本陈列，有北辛、大汶口、龙山、岳石文化的丰富遗存。其基本框架内容为6个版块。

序厅。主要有"菜篮和菜字金柱造型"（寓意为蔬菜是寿光农业的支柱）、千叶顶及大型锻铜浮雕壁画《菜之魂》（由1000多个历史元素构成，蕴含了"天人合一"的重要思想。）、前言壁萝卜雕塑造型等三部分组成，突出蔬菜博物馆的核心理念与主题。

古代历史区。内容自古人采集渔猎到新石器时期的垦田栽培；夏商周时期蔬菜园圃业的产生到战国秦汉时期蔬菜商品性生产的出现；魏晋南北朝及隋唐时期蔬菜栽培的发展，特别是贾思勰《齐民要术》的问世；再到宋元明清时期蔬菜著名产地和集中产区的形成，以及海外蔬菜品种的大批引入等。并配有《古人垦植》《折柳樊圃》《汉武帝躬耕》等大型油画及《纪国故城模型》和《贾思勰大型锻铜雕像》等艺术作品。通过不同历史时期，重点反映出中国悠久的垦植历史和灿烂的农耕文化，形成极为丰富的蔬菜种植资源和数千年的蔬菜栽培史。

蔬菜大观区。有各类蔬菜生物标本、种子、仿真模型及图片文字资料，并配有9条蔬菜生物标本大型立柱，以南瓜造型为意念的《万物生长靠太阳》、以滴水叶片和美女菜神而组合的《雨露滋润禾苗壮》等大型景观，重点展示栽培食用蔬菜、观赏蔬菜及野生蔬菜的种类和品种，反映蔬菜产业的发展变化。

科技创新区。通过"我的家园"沧桑历史与精美别致的现代棚形科技宫殿对比，揭示出科技创新与蔬菜发展的关系，重点展示为蔬菜发展作出突出贡献的王伯祥、王乐义先进典型事迹，冬暖式大棚的发明、推广、技术传播、蔬菜高科技创新应用、标准化生产、质量保证体系、市场流通体系等内容，并配有雾屏电视短片《脚步》、大型投影屏幕形象片等，以提高视觉效果。

展会文化区。以相关的文物资料、图片、声像等，突出反映中国（寿光）国际蔬菜科技博览会与形成的蔬菜特色文化和各类社会文化等内容。并安装制作鼎立球体、电子翻书、光感应地面"踢南瓜"等互动性、趣味性设施，以增强氛围和效果。

蔬菜与饮食区。以"国以农为本，民以食为天"为主题，重点反映蔬菜是人类自远古采集和栽培的主要食物，蔬菜与人的生存和健康息息相关。通过饮食物品、特色民俗餐饮文化及"天赐美食"精美吊顶、象形石仿生菜肴等景观，展现寿光蔬菜饮食文化源于民间乡土、秉承《齐民要术》等浓郁的地方特色和丰富内涵。

思考与讨论

一、除了本章介绍之外，你了解的潍坊红色教育基地还有哪些？

二、你参观学习的潍坊红色教育基地中印象最深的是哪一个？谈谈自己的感受。

三、围绕潍坊红色教育基地建设及红色文化进校园谈谈自己的见解。

知识测验

一、单项选择题

1. 王尽美烈士纪念馆的落成开馆时间是（　　）。
   A. 1990 年　　B. 1991 年　　C. 1992 年　　D. 1993 年

2. 为"王尽美烈士纪念馆"题写馆名的是（　　）。
   A. 陈云　　B. 江泽民　　C. 徐向前　　D. 聂荣臻

3. 牛头镇抗日武装起义指挥部旧址位于（　　）。
   A. 高密　　B. 青州　　C. 诸城　　D. 寿光

4. 牛头镇抗日武装起义的时间是（　　）。
   A. 1937 年 12 月　　　　B. 1937 年 11 月
   C. 1937 年 10 月　　　　D. 1937 年 9 月

5. 潍县战役党性教育基地主展馆主要体现的纪律意识是（　　）。
   A. "把胜利红旗插上潍县城头"　　B. "为谁当兵，为谁打仗"
   C. "战必胜，攻必克"　　D. "光荣地进去，干干净净地出来"

6. 为潍县战役胜利纪念碑题写"潍县战役胜利纪念"的将军是（　　）。
   A. 许其亮　　B. 迟浩田　　C. 张万年　　D. 许世友

7. 潍县战役胜利结束后，中共中央发来贺电，华东局、华东军区召开了庆功祝捷大会，授予九纵队二十七师七十九团为"潍县团"，该团团长是（　　）。
   A. 彭辉　　B. 陶庸　　C. 李耘田　　D. 王志谦

8. 渤海走廊革命斗争陈列馆位于（　　）。
   A. 高密　　B. 寿光　　C. 昌邑　　D. 青州

9. 曾任国防科委副主任兼某训练基地司令员、先后直接参与组织领导了地对地、地对空、空对空导弹、导弹核武器、第一颗"东方红一号"人造卫星的发射等重大试验任务的潍坊昌邑籍将军是（　　）。
   A. 李福泽　　B. 马冠三　　C. 赵一萍　　D. 刘善本

二、多项选择题

1. 王尽美烈士纪念馆是（　　）。
   A. 山东省党风廉政教育基地　　B. 革命传统教育基地
   C. 山东省党员教育基地　　D. 山东省爱国主义教育基地

2. 从 1942 年 3 月到 1945 年 8 月，潍县集中营关押过的人士有（　　）。
   A. 郝士　　B. 恒安石　　C. 戴维斯　　D. 埃里克·利迪尔

三、判断对错题

1. 1921 年，王瑞俊参加中国共产党第一次代表大会后情不自禁地作了《肇在造化——赠友人》一诗："贫富阶级见疆场,尽善尽美唯解放。潍水泥沙统入海,乔有麓下看沧桑。"抒发了自己为解放全人类实现尽善尽美共产主义崇高理想的激情,并将名字改为"尽美"。（　　）

2. 潍坊市革命烈士陵园始建于1952年。（　　）

3. 潍坊市革命烈士陵园整体主要由6处纪念建筑设施构成,分别为：革命烈士纪念碑、革命烈士纪念碑亭、革命烈士纪念馆、潍县战役烈士公墓、抗美援朝烈士墓区和革命烈士卧碑区。（　　）

4. 从1942年3月到1945年8月,潍县集中营先后关押英、美、法、新西兰、加拿大、古巴、希腊、澳大利亚、荷兰、比利时等近20个国家的侨民2008人。（　　）

5. 昌邑龙池镇的马渠村在战争年代,参政、参军的多,出干部多。1957年统计,该村在职的县团级以上干部达57人。人们赞誉马渠村是"革命干部的摇篮"。（　　）

6. 临朐嵩水崖水库工程由水利局技术员刘嘉玉、王焕平设计,水库大坝为斜卧式浆砌石十连拱大坝,被国内外水利专家称为"世界石砌连拱第一坝"。（　　）

7. 坊茨小镇现在有德式建筑103处,日式建筑63处。（　　）

参考答案：

一、单项选择题

1. C　2. A　3. D　4. A　5. D　6. B　7. A　8. C　9. A

二、多项选择题

1. ABCD　2. ABCD

三、判断对错题

1. 正确　2. 错误　潍坊市革命烈士陵园始建于1951年。　3. 正确

4. 正确　5. 正确　6. 正确　7. 正确

图书在版编目（CIP）数据

潍坊红色文化教程 / 王中慧, 刘蕊, 温桂鹏主编. -- 北京：中国书籍出版社, 2021.8
ISBN 978-7-5068-8639-0

Ⅰ.①潍… Ⅱ.①王… ②刘… ③温… Ⅲ.①革命传统教育-潍坊-高等学校-教材 Ⅳ.①D642

中国版本图书馆CIP数据核字(2021)第166766号

潍坊红色文化教程

王中慧　刘　蕊　温桂鹏　主编

责任编辑	姜　佳
责任印制	孙马飞　马　芝
封面设计	范　荣
出版发行	中国书籍出版社
地　　址	北京市丰台区三路居路97号（邮编：100073）
电　　话	（010）52257143（总编室）　　（010）52257140（发行部）
电子邮箱	eo@chinabp.com.cn
经　　销	全国新华书店
印　　刷	青岛新华印刷有限公司
开　　本	787 mm × 1092 mm　1 / 16
字　　数	205千字
印　　张	10
版　　次	2021年8月第1版　2021年8月第1次印刷
书　　号	ISBN 978-7-5068-8639-0
定　　价	35.00元

版权所有　翻印必究